NILTON BONDER

Cabala e a arte de apreciação do afeto

Apreciando o desejo, a percepção, a motivação e o vínculo

ROCCO

Copyright © 2022 *by* Nilton Bonder

Ilustração em colagem: Marcia Albuquerque

Direitos desta edição reservados à
EDITORA ROCCO LTDA.
Rua Evaristo da Veiga, 65 – 11º andar
Passeio Corporate – Torre 1
20031-040 – Rio de Janeiro – RJ
Tel.: (21) 3525-2000 – Fax: (21) 3525-2001
rocco@rocco.com.br
www.rocco.com.br

Printed in Brazil/Impresso no Brasil

Preparação de originais
NATALIE DE ARAÚJO LIMA

CIP-Brasil. Catalogação na publicação
Sindicato Nacional dos Editores de Livros, RJ.

B694c   Bonder, Nilton, 1957-
          Cabala e a arte de apreciação do afeto: apreciando
      o desejo, a percepção, a motivação e o vínculo
      / Nilton Bonder; [ilustração em colagem Marcia
      Albuquerque]. – 1. ed. – Rio de Janeiro: Rocco, 2022.
        il.   (Reflexos e refrações ; 5)

      ISBN 978-65-5532-198-2
      ISBN 978-65-5595-097-7 (e-book)

        1. Cabala. 2. Afeto (Psicologia). 3. Motivação
      (Psicologia). 4. Percepção. I. Albuquerque, Marcia.
      II. Título. III. Série.

21-74324   CDD: 135.47
                                    CDU: 141.331.5:159.942

Camila Donis Hartmann – Bibliotecária – CRB-7/6472

O texto deste livro obedece às normas do
Acordo Ortográfico da Língua Portuguesa.

Impressão e Acabamento: Gráfica e Editora Cruzado

SUMÁRIO

INTRODUÇÃO 5

I
Cabala e Afeto

Vulnerabilidade – E viu que era bom! 11
Propósito e o pilar lateral da Árvore 15
Apreciação e afeto 17
Propósitos e interesses 19
O epicentro do afeto 21

II
Propósito (*Chessed*)

Afeto físico – Apreciando desejos 25
   Desejo pelo Bem 31
   Desejo pelo Mal 39
   Desejo pelo Neutro 43
Afeto emocional – Apreciando percepções 47
   O amor – O rei das percepções emocionais 55
Afeto intelectual – Apreciando motivações 65
   Razão 66
   Vontade 68
   Prazer 71
Afeto espiritual – Apreciando vínculos 77
   Origem do propósito 83
   Saudades 85

III
Interesses (Afetações)

Afetação física – Apego (ação da emoção) 99
Afetação emocional – Controle
(emoção sem inteligência) 103
Afetação intelectual – Arrogância
(inteligência sem emoção) 109
Afetação espiritual – Narcisismo (emoção da ação) 113

APÊNDICE 119

INTRODUÇÃO

A intenção deste livro é apontar as diferenças entre existir e viver. Existir é função de tempo e espaço, ou seja, de preenchimento de um espaço por um certo tempo; viver, por sua vez, representa a função e o impacto de uma existência; a influência que algo exerce sobre o mundo. Um ocupa, o outro afeta.

Esses conceitos são basilares e possibilitam uma descoberta contraintuitiva: a de que o viver precede o existir!

Para afirmar algo tão improvável ao bom senso, vamos construir, neste livro, o conceito de "afeto". Ele será aquilo que põe a realidade em andamento. Apesar de o "existir" definir quantitativamente o que ocupa e desocupa, ou o que expande e contrai, cabe ao afeto estabelecer qualitativamente o impacto que as existências exercem umas sobre as outras.

O afeto produz o tempo que cria a realidade de tudo aquilo que existe no universo afetivo. Até então as coisas não eram, elas apenas faziam parte da verdade primordial, a qual era destituída de função.

Os afetos são as *nitsotsot*, as fagulhas-partículas de intenções que abarcam toda a matéria. Invisível aos olhos, o viver estimula, sensibiliza e, em última instância, organiza a realidade.

A própria consciência nada mais é do que um receptor de afetos, cuja função é apresentá-los diferenciadamente da mera constelação de existências. O afeto tem a potência de gerar sentidos e propósitos.

Vamos elaborar, nestas páginas, algumas reflexões sobre a importância do afeto, desmistificando o encantamento que o existir exerce sobre nós. Buscaremos desenvolver uma apreciação sobre o afeto, este elemento tão fundamental e etéreo do mundo. Sem o afeto, sem o viver, não há como se aproximar daquilo que é real.

I

CABALA e AFETO

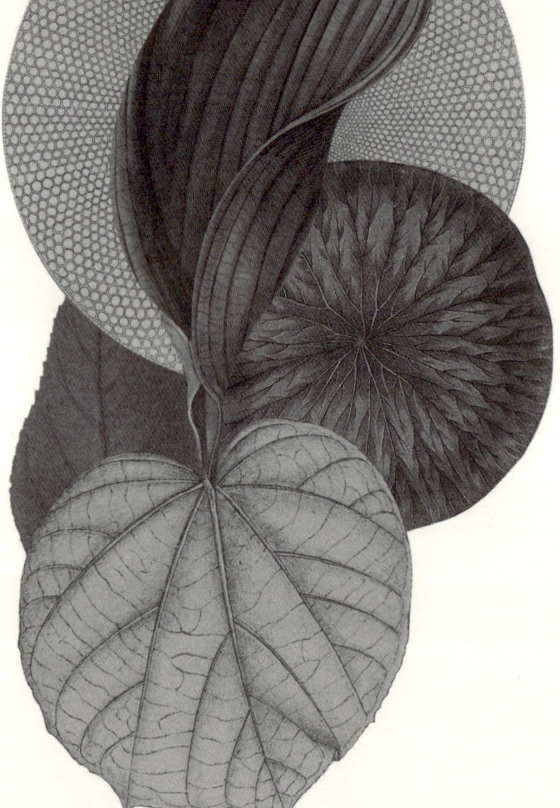

O afeto está em toda parte. É preciso estar receptivo para acolhê-lo. A Criação do Universo é em essência feita de afetos, de partes que se afetam.

Qualquer forma de afeto é determinada pela aptidão de abalar-se ou impactar-se por algo. Seja o afeto entre partículas subatômicas, ou a compatibilidade entre elementos da tabela periódica, ou o fototropismo de folhas que se movem na direção da luz, ou mesmo a sublime atração do amor, todos esses exemplos são manifestações do princípio do afeto.

A Criação se evidencia por duas grandes leis que possibilitam sua realização: 1) a de que as coisas se afetam e 2) a de que, ao afetarem umas às outras, elas aumentam ou diminuem, acrescentam ou subtraem, intensificam ou atenuam.

No sistema da Árvore da Vida – Chessed e Gevurá –, esses dois polos representam os eixos basilares e opostos da realidade. O primeiro – objeto de interesse neste livro – é o Afeto; o outro, já abordado no livro *Cabala e a arte de manutenção da carroça*, equivale ao Risco. A exposição ao Risco está relacionada à lei complementar ao Afeto. Ela determina que tudo aumente ou diminua. A estabilidade ou o equilíbrio que identificamos é um mero registro temporário de processos imperceptíveis de ampliação ou redução, crescimento ou decrescimento.

O Afeto e o Risco estão representados na Árvore, respectivamente pelas folhas e pelos galhos. As folhas são manifestações dos afetos; os galhos são manifestações do crescimento ou da ampliação. Um se afeta com o exterior e interage, o outro experimenta o crescimento e amplia a si mesmo, impondo-se ao mundo.

Em geral, nos preocupamos mais com a gestão do tamanho e do acúmulo porque privilegiamos a existência, ou seja, a necessidade de fortalecer e afirmar. E assim depreendemos, equivocadamente, que a vida se expressa com mais intensidade neste eixo dos acréscimos e decréscimos associados ao existir. A existência equivale a impor e garantir espaços.

Porém, aquilo que se produz a partir da esfera dos Afetos tem uma participação tão intensa ou maior do que a da existência. Trata-se da esfera do Viver, constituída da potência que temos de nos impactar pelo mundo e pelos outros e vice-versa. Feliz daquele que afeta e se afeta! O afeto é o propósito da vida, a condição essencial para que se conheça o "bom". Nenhum recurso ou aptidão é capaz de experimentar o "bom" sem estar atrelado a uma função; e nenhuma função existe sem estar atrelada a um propósito. Esta cadeia entre o bom, a função e o propósito é efeito do afeto.

Vulnerabilidade –
E viu que era bom!

E disse Deus: Haja luz; e houve luz.
E viu Deus que era boa a luz.
Gênesis 1:3,4

O texto de *Gênesis* abre com a declaração genérica do Criador estabelecendo céus e terra. Seu primeiro ato no contexto dessa nova realidade é o *abrakedabra* (literalmente, *"crie-se-o-que-digo"*) que produz a luz. A luz não é o que clareia, mas o que esclarece. A luz é uma ordem, é uma função. A partir daí o Criador desencadeia uma sucessão de afetos que serão as etapas do processo de criar. Nesse ato não há apenas a criação do fenômeno, mas a descrição de seu impacto imediato – foi bom! E o que seria esse "bom"? Dessa expressão, podemos inferir uma repercussão do ato em si, ou seja, de como ele afeta o Criador. O fato de "ser bom" revela que o ato de criar atendeu a alguma necessidade ou expectativa do Criador... e isso é extraordinário.

Caracterizar o Criador com vulnerabilidades é, sem dúvida, a maior inovação teológica do texto bíblico. Não estamos falando de fraquezas, que seriam incompatíveis com o conceito de onipotência. A vulnerabilidade não é um defeito, uma imperfeição, mas o único recurso capaz de ampliar o que já é infinito. E isso, obviamente, não por alargamento, mas por interdependência, por afeto. Paradoxalmente, as vulnerabilidades permitem que tudo se expanda através de interação e cumplicidade em um todo. E o "todo" é muito maior que o "tudo", visto que revela as possíveis relações de tudo com tudo.

A "vulnerabilidade" revela quereres e estabelece relações. Quando cria e afeta a si mesmo, o Criador manifesta um desejo, uma expectativa que se expressa pelo efeito "bom". Nasce aqui o propósito originado não nesse mundo, mas no pó de estrelas, na mais intrínseca substância de toda matéria.

A Inteligência Artificial, por exemplo, tem nessa questão seu maior desafio: como iniciar um processo de afetação que não tenha que ser estipulado por seu criador. O propósito de um robô será sempre um subpropósito de quem o criou, o que demonstra que não sabemos inocular desejo em nossas criações. Quanto a nós, humanos, possuímos essa faculdade por meio de uma conexão interna e orgânica com a vontade inicial que nos foi implantada. Somos, porém, incapazes de dar "luz própria" a nossas invenções e, assim, seguimos capacitando nossas máquinas sem termos a capacidade, ao mesmo tempo, de personificá-las. Elas são afetadas pela vida em sua dimensão atômica e em suas trocas físicas e químicas, mas seu desejo como artefato, como sistema, é sempre subsidiário ao desejo de quem as criou.

Se esse é um limite definitivo, uma forma de Censura Cósmica, trata-se de uma questão em aberto. Porém é inquestionável que o elemento mais sofisticado do universo não é existir – materializar-se e ocupar espaço –, mas viver, ou seja, participar das relações de afeto de forma consciente.

A realidade é consolidada pelo somatório desses afetos, ou seja, a realidade é um efeito. Ela não é a "verdade", não é genuinamente real e tampouco põe em ação os impactos e as influências. As intenções originais pertencem à esfera dos propósitos. A realidade, em si, é secundária, um agora cujas características talvez não se façam presentes depois. O propósito, no entanto, pode até não se manifestar dentro da realidade, mas orquestra o resultado de seus incontáveis afetos. E são os afetos que, por sua vez, determinam os destinos.

Nosso desafio maior não é existir como produto de todas as interações da realidade, mas viver alinhados com a esfera do propósito.

Propósito e o pilar lateral da Árvore

Estamos na coluna lateral da Árvore, mais exatamente no primeiro atributo dessa lateralidade (ver ilustração abaixo). Como já apontamos em outros livros desta série, as colunas laterais da Árvore representam interação. No caso deste livro estamos em *Chessed*, normalmente traduzido como "compaixão" e tratado, aqui, a partir do conceito de afeto.

Chessed é o portal inicial da Criação e representa as primeiras interações de afeto que colocam em andamento a realidade. *Chessed* é o elemento que corporifica a "Árvore". Contrariando o senso comum, que imagina que a árvore se origina das raízes, são as folhas, a capacidade de se afetar pela energia solar e respirar, que colocam em andamento o fenômeno da árvore. É a disponibilidade desse afeto que dá início à possibilidade da árvore.

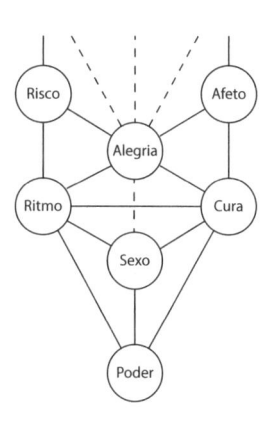

Essa conexão misteriosa entre folha e raiz, entre fogo solar e terra-chão, revela o propósito que a árvore contém. Esse propósito orquestra todo o sistema da árvore, o qual começa pela disposição de colher a luz externa através da clorofila. Absorvendo a luz em seus painéis (phylon/folha), nos comprimentos de luz violeta, azul e vermelha, e refletindo o cloro (o verde), a clorofila representa a outra ponta da raiz.

A folha (*chessed*) e a raiz (*malchut*[1]) fecham o circuito deste sistema. A folha representa a vida, e a raiz, a existência. Elas se conectam, de forma coordenada, através dos demais integrantes do sistema. A raiz favorece as propriedades existenciais (lateral esquerda) da Árvore; a folha, as faculdades intencionais, as vivências da Árvore (lateral direita). À esquerda produzem-se propriedades que ocupam (caule e galhos) e à direita as que afetam e se energizam (seiva e folha).

A folha é a conexão com o propósito. Ela aponta para o "rastro cósmico", cujas marcas mostram que o propósito antecede a existência. O propósito é mais antigo, mais original do que a existência – a noção de que a folha antecede a raiz é uma das mais contraintuitivas para se chegar ao que é real.

É preciso lembrar também que na coluna lateral os sistemas adotam a forma sistêmica de 1,2,1,2. O desejo e a percepção são o "1,2" da esfera objetiva do afeto; a vontade e o vínculo são o "1,2" da esfera subjetiva do afeto.

---

[1] Malchut: soberania é o atributo ligado ao chão, e que melhor representa a raiz.

Apreciação e afeto

Neste livro, o verbo que utilizamos é "apreciar" – por isso dizemos *arte de apreciar o afeto*. A apreciação é uma característica particular da espécie humana. Apreciar não é gostar, é maior que isso: é saber dar valor a algo e avaliar seus afetos. Diferentemente dos animais, vegetais ou minerais, que apenas sofrem afetos, os humanos, além de experimentá-los, os apreciam.

Para que possamos apreciar, dependemos de qualidades críticas que reconheçam importâncias e efetuem comparações, o que só é possível por meio da avaliação consciente. Talvez seja essa a definição às avessas da consciência: a faculdade de ponderar sobre o efeito que o afeto exerce em um indivíduo. A personificação, por sua vez, seria o somatório dos afetos apreciados que identificam uma pessoa como um ser particular, distinto de todos os outros seres e coisas.

Um animal ou um vegetal não precisa da apreciação para ser ele mesmo e sentir-se íntegro e saudável. O ser humano, por sua vez, é invadido por questionamentos do tipo: "Estou cumprindo o meu propósito?", "Estou vivendo a minha vida?" Essas perguntas nascem diretamente das apreciações da vida. Por vida, já mencionamos, entenda-se exatamente a dinâmica engendrada pelos afetos. A vida se constitui de todos os afetos que experimentamos e causamos. Fantasiamos a vida como um elemento separado, próprio, porque a projetamos sobre o contexto externo. A vida, porém, é justamente constituída dos próprios afetos. Uma vez que somos afetados por eles, não há nada externo que sejamos capazes de modificar. Na verdade, confundimos a vida com a existência – essa, sim, dispõe da propriedade de ser alterada ou moldada.

A apreciação dos afetos produz um elemento novo que, até o surgimento do ser humano, era invisível ou apenas latente. Até então os afetos eram todos interesses, relevâncias entre os elementos afetados que geram vantagem ou desvantagem. Eram afetos originários do "primeiro princípio da existência" e que se expunham ao "segundo princípio", o risco, crescendo ou decrescendo a partir dessa interação. O elemento novo produzido pela apreciação dos afetos é o propósito.

O ser humano depende de seus propósitos para se manter íntegro em sua natureza. Uma pessoa sem propósito é uma pessoa incompleta, insatisfeita. Seu único recurso para experimentar a vida são os interesses, o que se caracteriza como uma vida de desperdício, de anulação de potências.

Enquanto os afetos produzem os interesses, a apreciação dos afetos possibilita a intencionalidade, a ação deliberada e premeditada que revela propósitos. Os propósitos representam a esfera particular da experiência humana. Esfera em que os desejos, as emoções e os pensares se diferenciam das demais espécies.

Propósitos e interesses

A apreciação dos afetos é uma evolução do afeto, e isso ocorreu graças ao surgimento da consciência humana. O conceito de "livre-arbítrio" – a capacidade de arbitrar autonomamente – nada mais é do que o resultado a que se chega devido ao poder que cada pessoa tem de apreciar seus afetos. Não se trata da potência de ser absolutamente livre, destituído de influências, mas, ao contrário, de poder arbitrar sobre o efeito causado pelas influências.

A consciência de como somos afetados é, em si mesma, uma experiência de liberdade que envolve afetos neutros e inanimados, os quais impactam apenas o mundo físico. A consciência despertou outras dimensões de afetos em experiências emocionais, intelectuais e existenciais. Essas apreciações de afetos determinam como nos "sentimos" nessas novas esferas, fazendo com que apreciemos o viver em dimensões distintas, usufruindo de maior "resolução", enxergando na vida um colorido para além do existir. Essa experiência alargada do ser caracteriza a noção de alma, de uma ânima suplementar ao próprio existir.

Nesse novo cenário de afetos é que se descobre uma nova energia, uma nova partícula no universo – o propósito. Ele provavelmente sempre existiu, em latência, nas possibilidades e propriedades elementares, mas a capacidade de detectar propósitos representou uma novidade.

Até então, o efeito dos afetos era os interesses. O interesse é o potencial que um elemento tem de impactar o outro. O quanto algo privilegia ou prejudica a existência de um elemento representa os interesses que nortearam o desenvolvimento de todos os processos da natureza. Se há um potencial de interesse, ele é perseguido e, se realizado, se esgota. Isso vale para o interesse do Hidrogênio para com o Oxigênio, possibilitando a existência da água, como de qualquer carência atendida – do mutualismo ao canibalismo.

A apreciação dos afetos estabeleceu uma nova potência, capaz de ir para além do interesse. Esse afeto para além do interesse é a própria definição de propósito. Quando se esgota a utilidade ou a valia de um interesse, é usando do recurso da apreciação do afeto que o ser humano consegue comprometer-se com uma "animação extra", que supera aquela até então oferecida pelo interesse. Essa excitação para além do interesse é o propósito, o ápice da experiência dos afetos que um humano pode apreciar.

Será pela observação dos afetos que amadurecem e se tornam propósitos, e também dos que não ultrapassam a esfera dos interesses, que pautamos nossa análise sistêmica acerca do afeto. Os propósitos representarão a excelência na apreciação dos afetos, enquanto que os interesses representarão a frustração dessa excelência. Propósitos produzirão afeições; interesses, afetações.

O epicentro do afeto

O que organiza e aprecia o afeto? Essa pergunta perpassa a filosofia, a ciência e a religião. Intelecto, consciência ou alma são alguns dos nomes atribuídos ao que eu chamo de "epicentro suprassensorial". Independentemente do nome que lhes dermos – intelecto, consciência ou alma –, essas instâncias compartilham de uma percepção – a de que existe uma gestão dos afetos. Algo ordena os afetos sensoriais, emocionais e intelectuais, sensibilizando ou coibindo excitações – algo nos aprecia. Essa gestão otimiza a vida, cuidando para não sobrecarregar a existência. Ela organiza os afetos de forma a estarem alinhados com a logística requerida para existir e sobreviver diante das demandas de "ocupar" espaço e se afirmar.

O epicentro do existir é o corpo e seu cérebro, mas o epicentro do viver é mais complexo. Por inércia, o cérebro – gerente da existência – acaba sendo apontado também como responsável pelas "operações" do viver. Com certeza, ali são processados os afetos, mas o cérebro não está capacitado a apreciá-los. Para tal, se faz necessário um norte, algo que seja mais real do que o reconhecimento de si mesmo. Só assim será possível ao ser humano "apreciar". Como parte integrante da existência, o cérebro não está apto a determinar critérios para o viver. Razão pela qual racionaliza, ilude, dissimula e mente. O cérebro atende a interesses, mas não está à altura dos propósitos. O epicentro do viver é a Alma, um termo cunhado para reconhecer a animação primordial, a parte de nós que está mais próxima do que é real, do que é verdadeiro. Porém, para evitar jargões religiosos, vamos tratar a Alma pelo termo bíblico "bom".

O epicentro da vida é o "bom" que o Criador experimenta ao criar o Mundo ("E viu que era *boa* a luz"). O "bom" era uma animação extra, uma ânima até então desconhecida. O "bom" – que abrange o "bem", o "mal" e o "neutro" – é o parâmetro que permite a apreciação do afeto. Somente quando o Criador apreciou que o afeto era bom foi que teve início a história da vida. A Criação foi a obra que deu vida à existência, oferecendo-lhe um propósito. "Bom" é a pista para desvendar as condições que permitem a apreciação dos afetos. É a consciência que desperta a vida, aquilo capaz de ajuizar e ponderar sobre os afetos a partir de algo que já é dado, que já é fato, para poder qualificar o "bom". "Bom" não é apenas uma apreciação, mas o surgimento de uma referência que permite, a partir de então, apreciar. O "bom" traz consigo a possibilidade de algo ser para o bem, para o mal ou ser neutro, que são os parâmetros da apreciação.

Esses conceitos vão ficar mais claros à medida que observarmos os afetos em sua constituição sistêmica. Descobriremos que, em sua apreciação, encontramos pelo caminho nossa "pessoa" e nossa vida.

II
PROPÓSITO (*CHESSED*)

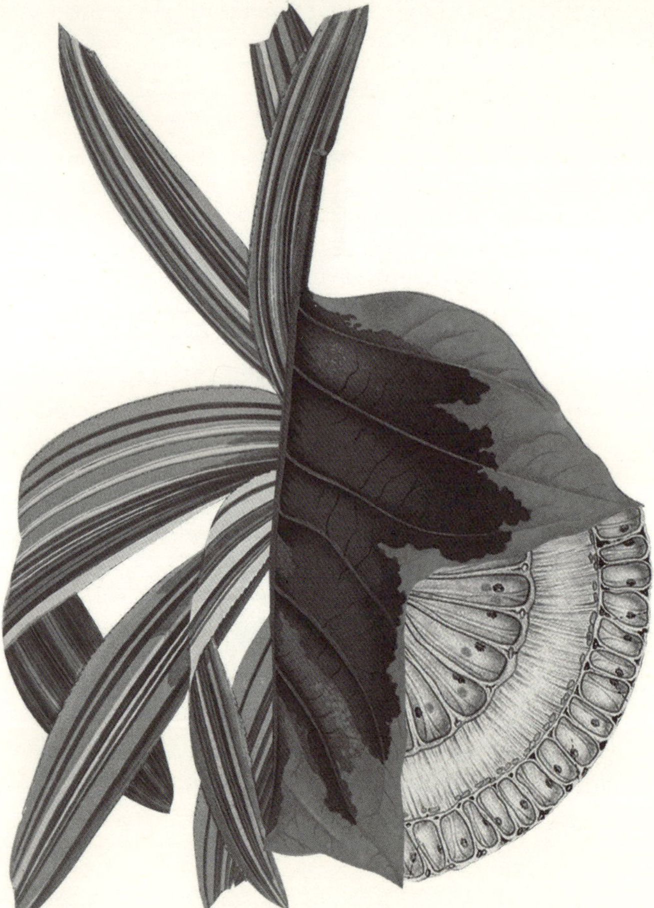

Afeto físico - Apreciando desejos

Está escrito: "Abra para mim os portões da retidão!"
Uma pessoa só pode estar a serviço de D'us enquanto se perceber do lado de fora, implorando para que se abram os portões do verdadeiro serviço!
Reb Pinchas de Koretz

Os desejos são os portais que dão acesso à nossa essência, à nossa alma. Eles são a fronteira entre a vida e seus propósitos. Nada parece mais genuíno e legítimo do que os desejos. Nossa civilização praticamente os idolatra: os desejos são os grandes orquestradores do individualismo e do privatismo que regem as sociedades de consumo.

Os desejos ordinários são manifestações apenas de interesses. Qualquer forma de carência ou necessidade promove desejos. Assim, os desejos da fome, do sexo e do poder evidenciam anseios que são afetos típicos da existência animal. O ser humano, no entanto, experimenta desejos que são a manifestação, não do afeto apenas, mas da *apreciação* do afeto. Os desejos humanos estão intrincados com propósitos, vivências para além de interesses.

Na condição de "afetos apreciados", os desejos agregam valor aos afetos do existir e, com características mais complexas, transcendem a incumbência de atender às insuficiências objetivas. Esses desejos atendem ao viver e se apresentam para os humanos em cinco ocorrências básicas: 1) desejo de ser livre; 2) desejo de ser reconhecido; 3) desejo de ser amado; 4) desejo de ser útil e 5) desejo de bem-estar.

Não mais imprescindíveis para existir, os desejos humanos são imprescindíveis para viver. São desejos propositais, impactados não só por afeto, mas por apreciação do afeto.

O propósito maior dos desejos – levando-se em conta a citação de Reb Pinchas que fizemos há pouco – é permitir acesso ao palácio no qual ocorre "o serviço de Deus". Este serviço representa o "bom", que é a experiência de estar alinhado ao seu propósito. O "servir" simboliza a harmonia de exercer potenciais e desempenhar funções, o que é manifestado pelo desejo de adentrar os portões da retidão. Nesta dinâmica de autenticidade, nesta "retidão", é possível apreciar a vida e seus afetos.

Para compreender os desejos propositais, será importante distinguir "bom" e "bem". O "bom" ocorre quando há a apreciação genérica de um afeto que nos conecta com algo mais verdadeiro do que nós mesmos. Algo mais antigo e mais factual do que a nossa própria existência. Por isso a citação utiliza a metáfora de "portais da retidão". Não se trata da retidão moral da decência ou do decoro, mas da honestidade e da integridade. Ser aquilo que se é significa a retidão que permite viver. A "retidão" oferece aos desejos e impulsos uma espécie de "desejo dos desejos" que, na potência de sua veracidade, possibilita ao que existe também o viver. Isso é o "bom".

O "bem", por sua vez, é uma subcategoria do "bom"; um segundo nível de apreciação do "bom". No primeiro nível, descrito pela reação do Criador diante da criação, o "bom" corresponde ao afeto vinculado a seu propósito, que pode ser vivenciado pela via do bem, do mal ou da neutralidade. A retidão do "bom" se encontra no ato de implorar para prestar "serviço", ou seja, de encontrar propósitos. Para tal, a condição necessária é perceber-se do "lado de fora", nos portais, e não no interior. Essa perturbação a partir de algo que vem "de fora" é o conector, a sinapse, entre a realidade e a verdade, entre o corpo e a alma, entre o existir e o viver. Estar fora é a condição para experimentar o "bom" vinculado a seu "propósito". Para tal, os desejos, a "condição fora do palácio", terão que se elevar por meio de propósitos, ansiando adentrar "os portais da retidão". É por meio dessa condutividade entre propósitos e desejos que se estabelece a corrente que experimentamos como vida. Assim, o desejo ordinário, animal, corresponde a estar "dentro"; já o desejo proposital experimenta um "estar fora" e depende de uma finalidade ou objetivo.

> *Disse Hilel: "Se Eu não sou por mim, quem será?*
> *E se sou só por mim, quem sou Eu?*
> *E se não agora, quando?"*

O arrebatamento causado pela experiência do "bom" gera impulsos que são os nossos desejos humanos e que adentram a esfera do nosso viver. Em sua manifestação original, são três os desejos, tal como nas histórias de lâmpadas mágicas: o "desejo pelo mal", o "desejo pelo bem" e o "desejo pelo neutro". O "desejo pelo bem" se evidencia quando buscamos colocar os interesses do outro acima dos nossos, e se expressa no desejo de ser amado e de ser útil. O "desejo pelo mal" se revela quando promovemos nossos próprios interesses acima dos interesses do outro; ele está expresso nos desejos de ser reconhecido e ser livre. Por último, o "desejo pelo neutro" manifesta-se através de um ingênuo bem-estar. Esses desejos são o segundo nível de apreciação do afeto, e com eles lidamos rotineiramente.

A apreciação dos desejos está intimamente atrelada às finalidades apontadas pelo sábio Hilel. O desejo pelo mal é representado por "Se Eu não sou por mim, quem será?"; já o desejo pelo bem por "Se sou só por mim, quem sou Eu?"; e o desejo pelo neutro por "E se não agora, quando?". O primeiro tem por projeto atender a si próprio. Trata-se do reconhecimento de um sujeito que cuida de seus interesses, o que se expressa na pergunta "Quem?". O segundo aprecia que o objeto de qualquer daqueles sentidos inclui o outro (E se sou só por mim), produzindo a pergunta proposital: "Quem sou Eu?" Por último, a apreciação do atendimento à vida em si mesma é revelada na pergunta temporal "Quando?".

O desejo pelo mal é o élan por expandir a si mesmo, seu sujeito e sua liberdade. É o ardor por fazer algo moleque, danado ou desobediente. Sabe quando você acorda de manhã e quer fazer algo malvado? Quando intenciona deliberadamente transgredir algum limite? Nesse instante, há um desejo por apreciar o afeto através do mal. Esse protagonismo dos seus interesses gera também um prazer e se constitui numa outra forma de desejo. Como todos os desejos humanos, esse guarda relação com os propósitos, não sendo apenas uma manifestação de nossos interesses. O "mal", com sua característica de nos fazer colocar a nós mesmos na frente dos outros, não é um juízo moral, mas uma forma específica de conexão com propósitos. Este desejo aprecia atender a si próprio e gera o Eu.

O desejo pelo bem, por sua vez, é a ânsia de experimentar uma certa nobreza, um aperfeiçoamento que refina e distingue. O fato de que a "luz era boa" gera o afeto de que algo de bom foi criado, engrandecendo o Criador. Todos temos desejos de ser mais nobres por meio dos atos de criar, prover ou doar. Impactar o mundo pelo "bem" cria uma satisfação e se faz um desejo humano, uma apreciação específica do afeto. Este desejo, que aprecia atender para além de si, gera o Outro.

Já o desejo pelo neutro é a excitação de viver algo normal, ingenuamente trivial. O prazer de não ser nem para o bem e nem para o mal; de simplesmente usufruir de um bom momento, tal como uma refeição ou um relaxamento. O prazer do corriqueiro e do ordinário é uma terceira forma de apreciar o afeto. Não podemos confundir essa forma de apreciar o afeto com a experiência de não sermos afetados. O desejo que aprecia o afeto do neutro – de não ter que decidir nada, de meditar, respirar ou flanar pela existência – não é, portanto, uma regressão a apenas existir, mas uma apreciação do afeto de apenas existir. Este desejo de apreciar a experiência de ser se apresenta como a Vida.

Desejo pelo Bem

E viu Deus tudo quanto tinha feito, e eis que era muito bom;
e foi a tarde e a manhã, o dia sexto.
Gênesis 1:31

Rabi Nachman disse em nome de Rabi Shmuel: "Se estivesse escrito 'Eis que era muito bom!', isso se referiria apenas ao Desejo pelo Bem; porém, pelo fato de estar escrito 'E eis que era muito bom', a letra 'E' inclui o Desejo pelo mal. Como pode o Desejo pelo Mal ser 'muito bom'? Isso seria extraordinário! A razão é que, se não fosse o Desejo pelo Mal, ninguém construiria casas, mulheres não teriam filhos, e sobre isto falou o Rei Salomão: 'Observei que todo o trabalho, e toda a destreza em obras, consegue o homem a partir de sua rivalidade com o próximo!' (Eclesiastes 4:4)."
Midrash Raba IX:7

Esse comentário discute o final do primeiro capítulo de *Gênesis* quando, ao se concluir a Criação, é dito: *"E eis que era muito bom."* O comentador deseja compreender o que, exatamente, havia sido "muito bom".

Até esse momento, conhecíamos o "bom". Os dias da Criação e cada etapa da geração dos elementos do mundo provocam em Deus a apreciação do afeto de ser "bom". Já a conclusão da Criação traz esse novo elemento que é o "muito bom". Para o comentador, "muito bom" se refere a dois desejos criados no ser humano por seu Criador: um é o de fazer o bem, e o outro, o de fazer o mal. Assim, no primeiro nível da apreciação do afeto, o "bom" manifestado por Deus evolui agora para um segundo nível, o "muito bom". E o comentador se baseia na conjunção "E" (E eis que...) para intuir a existência de dois "muito bons". Um primeiro ("Eis que era muito bom!"), que é o Desejo pelo Bem, e um segundo, este referido pela conjunção "E", que é o Desejo pelo Mal.

Para nosso objetivo, ficam aqui criadas de forma equivalente essas novas superapreciações do afeto representadas pela expressão "muito bom". Isso significa que a apreciação do "bom" ganha agora um superlativo, o "muito bom". E o comentário explica que essa apreciação intensificada são os próprios desejos. Mais que isso, apresenta-os como equivalentes. Como pode ser o Desejo pelo Mal algo "muito bom", tal como o Desejo pelo Bem?

Ao apresentar o Desejo pelo Mal como uma apreciação do afeto fundamental – sem a qual não haveria ambição e competição no mundo –, o comentador clarifica que "bem" e "mal" não são juízos morais, mas sim forças opostas equivalentes em valor e intensidade. A vida se expressa tanto pela apreciação do afeto pelo mal quanto pela apreciação do afeto pelo bem. A apreciação do afeto pelo mal constrói tanto quanto a apreciação do afeto pelo bem, uma vez que ambos são desejos, elementos essenciais para servir à retidão de nosso ser.

Assim, o Criador havia transmitido ao humano não só sua vivência do "bom" que apreciou ao criar, mas também do "muito bom" – vínculo fundamental com os propósitos, a fonte e origem dos desejos. Para bem ou mal, os desejos executam os trabalhos deste serviço essencial ao qual estamos intimamente interligados.

Se os hedonistas soubessem os prazeres envolvidos em fazer o bem, não fariam outra coisa!
Rabi Mordechai Lechovitz

Os preparativos para o bem são mais importantes do que o próprio ato de fazer o bem.
Rabi Leibele Eger

Estamos propondo uma revolução no conceito de desejo. Modernamente, desenvolvemos ideias de que os desejos são os quereres da nossa pessoa. E com o nobre intuito de livrar os indivíduos de toda sorte de opressão, nos aproximamos do hedonismo.

O hedonismo considera os desejos como o bem supremo, a mais legítima manifestação da vida. Nada é tão real como os sentidos e nada pode justificar não os provar e exercê-los como objetivo maior da vida. O hedonista desconsidera, porém, que haja algo para além da existência, tampouco que o "existir" deve negociar com o "viver" para que se possa conhecer os verdadeiros prazeres da vida.

Na citação, o rabino Mordechai Lechovitz esclarece: se os hedonistas percebessem o prazer, a excitação que proporciona fazer o bem, talvez se dedicassem mais a tal tarefa. Isso porque o hedonista imagina que a maioria, senão a integralidade dos desejos, se encontra no atendimento aos Desejos pelo Mal, ou seja, pelo atendimento a si próprio. Pode parecer que é assim mesmo pelo olhar (ou ilusão) da existência, mas não pela perspectiva do viver. Os prazeres do viver estão intimamente relacionados com a potência de afetarmos os outros e o quanto estes também nos afetam. Assim, o Desejo pelo Bem oferece grande contribuição para o prazer neste mundo.

Todos gostamos de doar, de contribuir na esfera da vida. E alguns dos maiores prazeres da vida estão associados a nosso impacto sobre os outros – pais, filhos, cônjuges, amigos e sociedade. Se você for um hedonista sério, não pode passar ao largo desses prazeres. O Desejo pelo Bem tem a inquietação de usufruir do sentimento de fazer parte de algo nobre, de algo maior.

Estamos falando de uma vivência real. Quando um mendigo nos acua pedindo esmolas, o fato de dar a esmola não faz de nós pessoas boas. Você pode estar doando para se ver livre dele; ou porque outros estão olhando; ou porque ficou sem graça ou até se sentiu culpado. Esse ato não o torna uma pessoa boa, apesar de o ato em si ter sido um ato de bem. E você não usufrui do prazer de fazer o bem. Porém, quando doa verdadeiramente porque o outro se tornou mais importante que você, ou porque precisa mais do que você, justamente por ter colocado o outro em primeiro lugar, você experimenta o prazer típico de quem goza do seu Desejo pelo Bem.

Esse prazer advém de estarmos "a serviço" de algo maior do que nós. Há algo mais real do que a existência, pois, quando atendemos ao outro – seja esse outro uma pessoa, uma causa, ou um grupo –, realizamos o Desejo pelo Bem e experimentamos um prazer sublime, de nobreza e refinamento.

Na segunda citação, Rabi Leibele Eger faz ainda uma nova provocação para alertar sobre o potencial prazeroso do Desejo pelo Bem. O preâmbulo, tal como na sexualidade, pode trazer mais deleite do que a própria consumação em si. Normalmente atribuímos tal tipo de fantasia à sedução do "mal" – esse, sim, reconhecidamente prazeroso em seu prelúdio. Como diz a máxima: "Ao realizar um pecado, o deleite vem antes do ato; ao realizar uma boa ação, o deleite vem depois do ato!"

No entanto, segundo Rabi Eger, experimentamos um prazer enorme ao promover o bem e cogitar sobre ele. Fantasiar e devanear sobre este ato também é profundamente erótico porque atiça e excita o viver.

Com certeza, o que leva à má compreensão sobre a figura do hedonista tem a ver com equívocos acerca da natureza dos prazeres. Sempre achamos que os prazeres têm origem nos desejos, quando na verdade o que ocorre é o contrário. A vida parte do prazer, que é a tal ânsia por "retidão", uma explosão de autenticidade e veracidade. O hedonista pensa que o "bom" é apenas o Desejo pelo Mal, ignorando que o prazer nutre todas as ramificações do "bom", do bem, do mal e do neutro quando vinculados a seu propósito.

Inverter a ordem e afirmar que os desejos são a origem dos prazeres é algo que desconecta os desejos dos propósitos e os torna insólitos. O seguinte conto da tradição hindu ilustra essa questão:

> *Um imperador saiu do palácio, viu um pedinte e lhe disse: "O que você quer?" O pedinte riu e disse: "Você me pergunta como se pudesse atender ao meu desejo!" Então o imperador se ofendeu e respondeu: "Claro que posso atender ao seu desejo. Basta dizer o que deseja!" O pedinte então lhe disse: "Cuidado com aquilo que promete!"*
>
> *O pedinte não era um mendigo qualquer, mas o Mestre do imperador em uma vida anterior que havia se comprometido a despertar seu antigo discípulo em uma vida futura. Mas o imperador não o reconheceu. Quem consegue se lembrar da vida passada? O imperador então insistiu: "Apenas diga-me o que quer e eu proverei... Sou um imperador poderoso e não há nada que não possa realizar." O pedinte aceitou: "O desejo é simples. Vê essa tigela de pedinte? Poderia preenchê-la com algo?" "Claro", respondeu o imperador, e, chamando seu vizir, ordenou que a tigela fosse abarrotada de dinheiro. O vizir cumpriu a ordem, mas o dinheiro de-*

sapareceu. Ele colocou mais dinheiro e novamente o dinheiro desapareceu... a tigela permanecia vazia. Por mais que colocassem dinheiro, a tigela sempre se esvaziava.

Uma multidão se formou e o prestígio do imperador ficou ameaçado. Desafiado, ele ordenou que na tigela fossem colocadas joias, pedras preciosas e toda forma de riqueza e benesses. No entanto, tudo desaparecia, e a tigela continuava vazia.

Por fim, o imperador se deu por vencido e, de joelhos, implorou ao pedinte: "Você triunfou, mas, para saciar minha curiosidade, me diga: Do que é feita esta tigela para que nada possa preenchê-la?" O pedinte então revelou: "Ela é feita da mente humana. Não há segredo ou mistério, ela é simplesmente feita de desejos humanos!"

A mente humana não é um obstáculo ou uma desvantagem. Muito pelo contrário! Sim, ela é capaz de produzir necessidades e carências como em nenhuma outra espécie. Nossa mente fantasia toda sorte de consumos, muito além de nossa real necessidade de sobrevivência. Trata-se do "existir" desenfreado, capaz de produzir faltas e urgências desnecessárias valendo-se dos recursos próprios da mente humana. No entanto, este é apenas um efeito colateral de sua capacidade, um mau uso de sua potência. A real natureza da mente é que nenhum desejo atende a sua falta, nada a "preenche".

A tigela capaz de reter e de ser preenchida são os propósitos. Sem propósitos, os desejos são o vazio que leva a um próximo desejo a ser desejado. Essa tigela da mente humana não retém, reduzindo tudo aquilo que nela é depositado à condição de mero existir. Assim é que se chega ao prazer por via equivocada, não pela vida. E a mente consolida a frustrante propriedade de que tudo aquilo que nela cai perde sentido e não a preenche.

O hedonista é o imperador, o senhor de incontáveis potências e tesouros, mas que se encontra perdido nos labirintos da existência. Será preciso um *outsider* da existência, o mais destituído, o mendigo, para tentar ensiná-lo sobre esse tema. Desde o centro da vida, no coração das interações e influências dos afetos, o mendigo tenta resgatar o imperador e conectá-lo com a única substância que permite "preenchimento". Essa substância são os propósitos, de onde se originam todos os verdadeiros desejos humanos de ser bem, mal e neutro.

Como na analogia da árvore, é a folha que antecede a raiz – é a folha que possibilita e viabiliza a raiz. Assim também é com o desejo e o propósito. O desejo é a raiz, a existência; o propósito é a folha, a vida que precede. Quando o desejo se manifesta, deve estar vinculado a seu propósito. Só então a tigela deixa de ser insólita, recuperando a propriedade de se preencher e ser um recipiente para a vida.

Desejo pelo Mal

Veja e observe: um cabrito ou um cordeiro, quando diante de um buraco, se protege e desvia, porque não há, nos animais, o impulso pelo mal [que os conduza a prejudicar-se a si próprios]. Numa criança, porém, o impulso pelo mal a leva diretamente ao lugar do dano [e destruição], de tal maneira que um bebê põe a mão numa serpente ou escorpião sob risco de ser picado, assim como põe a mão no carvão em brasa, que queima sua mão.
Avot de Rabi Natan, 16

Quanto maior a consciência (ou a alma), maior é o propósito de viver para além do existir. Por essa razão, os filhos dos humanos têm mecanismos de proteção da existência abrandados – assim poderão interagir mais e se expor ao afeto, que é a demanda do viver. Afetar e ser afetado são instruções muito profundas e produzem essa valia para o mal. De alguma forma, o instinto de preservação da existência humana é relaxado, permitindo que nossa espécie se exponha bem mais do que as demais.

Esse talento de poder prejudicar a si mesmo eleva exponencialmente a experiência de apreciação dos afetos. É dele que se origina o desejo por ser maroto e transgredir limites. Quem é que não experimenta esses desejos oriundos de "colocar a mão na brasa", de bancar a ousadia, de se "queimar" para experimentar algo imoral, ilegal ou ilegítimo? Todos os humanos têm essa gana de fazer o "prejudicial".

Isso ocorre porque há um ganho em "se prejudicar". O transgressor sabe dos custos de seu delito, mas o retorno compensa as eventuais penalidades. Estamos falando de um prazer, de uma satisfação em fazer às avessas, em violar ou descumprir regras. Há prazer em fazer o que é proibido. Há mais prazer, por exemplo, em afanar miudezas de um hotel do que comprá-las com o próprio dinheiro. Ou de se rebelar contra os pais pelo simples fato de que é prazeroso discordar deles; não porque fundamentalmente você divirja deles, mas porque o seu desejo é de contrariá-los em busca de autonomia. Podemos também incluir nessa lista o desejo erótico de experimentar o ilícito mesmo que se tenha o melhor e mais perfeito cônjuge. Esse é o desejo de ser livre e de ser reconhecido.

A natureza desse prazer decorre do sentimento de que estamos cuidando de nossos interesses acima dos interesses de outros. Como apontamos, sentir-se esperto e competitivo produz o prazer de ser especial, extraordinário. E, tal como a criança no comentário acima, banca-se o risco num patamar que os animais não bancam. A mão que se aproxima da serpente sob o risco de ser picada sublimou instintos para alavancar seu cacife na vida. E assim todos os prazeres do desejo pelo mal flertam com prejuízos que "valham a pena".

Há uma ambivalência constante no desejo pelo mal exatamente porque o mesmo desejo que tem por meta favorecer e privilegiar a si mesmo incrementa as chances de danos e perdas a si mesmo.

Para usufruir desses desejos sem pagar o alto custo de ter intimidades com escorpiões que envenenam ou brasas que queimam, devemos sublimar muitos desses impulsos para poder recobrar o propósito que os motiva. Não é evidente o benefício que possa decorrer de desprezar perigos e ameaças apenas para que esses desejos estejam vinculados a seus propósitos. Porém, como mencionado acima em nome do rei Salomão, "todo o trabalho e toda a destreza em obras" depende de nossas ambições e cobiças.

A natureza paradoxal desse desejo de se prejudicar é que, se pudermos tirar as vantagens de seu afeto sem realmente nos machucar, ele também se revela alinhado a propósitos. O mal não é o propósito, o fim em si, mas tão somente uma importante energia ou potência, ela mesma promotora de propósito.

Desejo pelo Neutro

O ser humano sai pelo mundo em busca de propósitos: subimos as montanhas mais altas, descemos às profundezas do mar e rastejamos pela selva e pelo deserto. Há, no entanto, um lugar que negligenciamos nessa busca: o nosso coração. É justamente lá, porém, que encontraremos Deus.
Rabi Zadok HaCohen de Lublin

A terceira forma de desejo é a aspiração pelo simples e ordinário. A paz de estar em atividades triviais, tal como usufruir de uma refeição ou do sono; ou de fazer coisas que não têm qualquer expectativa de bem ou mal – tudo isso é parte integrante de nossos prazeres.

Gozar dessa ingenuidade também é uma forma de apreciação do afeto. Pareceria, à primeira vista, por suas características de isenção e indiferença, que tal impulso é idêntico à não apreciação do afeto. Porém, pelo contrário, trata-se aqui de uma apreciação profunda, que se manifesta através de simplicidade e equanimidade. O desejo do neutro não é, portanto, uma indiferença, mas algo que faz muita diferença.

Esse desprendimento não é alienado. Ele é uma profunda conexão com a existência pela qual, em vez de se existir simplesmente, se experimenta o afeto da existência e se pode apreciá-lo. Ou seja, o desejo pelo neutro não nos faz meramente existir, mas viver. Ele representa uma apreciação do afeto capaz de gerar paz e bem-estar.

Assim, portanto, o vagar pela existência – a vivência profunda de flanar ou vadiar pela experiência de ser – também é um aspecto do viver vinculado a propósitos. Isso faz com que o neutro, ainda assim, pertença à categoria dos propósitos e não se reduza a um mero interesse que, ao ser obtido, cumpre sua função e se esgota. O neutro pode ser meditado, pode ser poetizado ou musicado, e muitas vezes é a fonte mais poderosa da gratidão. Ou seja, como em todos os propósitos, há um objetivo para além da consumação do desejo.

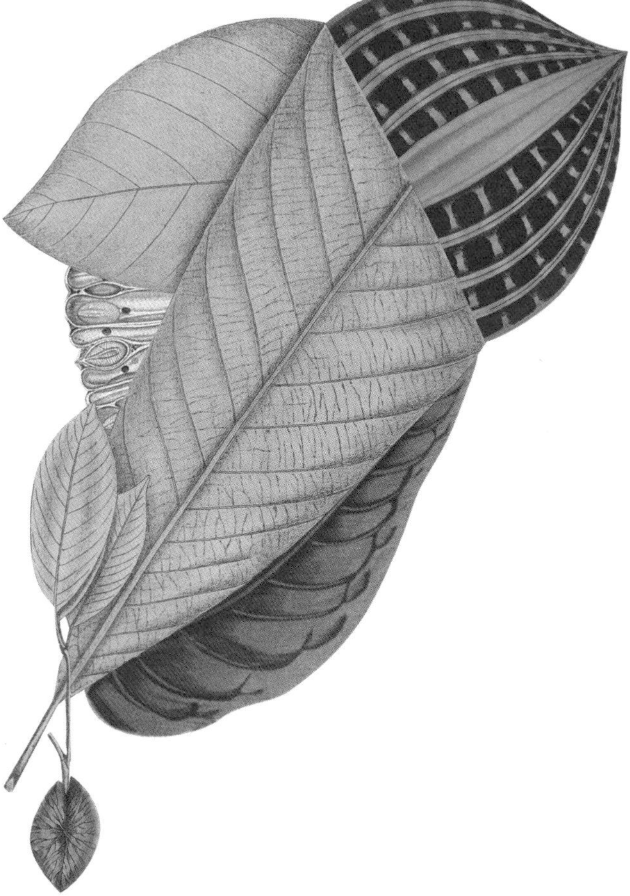

Afeto emocional – Apreciando percepções

Reb Pinchas costumava citar o dito: "A alma de um ser humano o ensinará", e o explicava com as seguintes palavras: "Não há ser humano que não esteja incessantemente sendo ensinado por sua alma!" Ouvindo isso, um discípulo perguntou: "Se é assim, por que os humanos não obedecem a sua alma?" "A alma ensina incessantemente", explicou Reb Pinchas, "mas ela nunca repete o ensinamento."

As emoções são movimentos da alma que "ensinam" constantemente. São *moções* que causam *emoção*, *comoção* ou *promoção*. E fazem isso na condição de movimento, de agitações: nunca se repetem. Somos afetados "incessantemente" por essas atividades perceptivas de nosso ser. Esses "sismos existenciais" brotam sob a forma de medo, raiva, felicidade, tristeza, amor, aversão, luto e confiança. E sua intenção é ensinar.

Em nosso ser, esses movimentos procedem de um lugar central. Não temos como reprimi-los ou ignorá-los. São os afetos que nos conectam com a realidade, de tal forma que podemos dizer que eles são nossa epiderme, ligando-nos a tudo aquilo que é factual. A consciência pergunta constantemente: será que algo aconteceu? Realmente aconteceu? Quem responde, porém, são as emoções. Só elas parecem ser congruentes o suficiente para se fazerem porta-vozes da vida. Por isso, quando se descreve o que se viveu, invariavelmente se recorre à narrativa das emoções experimentadas.

Sem as emoções não conseguimos nos aproximar do que é real. Os sentidos para esse fim são insuficientes. Você vê alguma coisa, mas você realmente viu? Escutou algo, mas o que realmente escutou? Os sentidos terão que recorrer às emoções. Serão elas que determinarão se o que foi experimentado, se aquilo que foi visto ou escutado será apreciado na forma de medo ou de raiva, por exemplo.

Para além dos sentidos e das emoções, os seres humanos dispõem de uma outra categoria de checagem da realidade. A fim de nos aproximarmos dela, dispomos também do intelecto, que atua apreciando as emoções. Talvez seja essa a definição ou a maior singularidade humana: que suas emoções sejam apreciadas pelo seu intelecto.

Toda a educação humana é voltada para despertar essa aptidão: submeter as emoções ao crivo do intelecto. Quando uma criança diz que não quer ir à escola porque seu sentimento lhe diz para não ir, não se deve negar a legitimidade deste sentimento. Não é possível dizer a alguém que tem uma emoção para deixar de tê-la nem é possível convencê-la de que isso seja evitável. Muito ao contrário, todas as emoções devem ser vividas, intensamente vividas. No entanto, a criança terá que aprender a ser humana e amadurecer para o fato de que, apesar de estar sentindo a emoção, terá que ir à escola. O intelecto, com suas motivações, precisará conduzir o processo de tal maneira que, apesar de a criança estar sentindo o que está sentindo, possa *perceber* que será melhor para ela se for à escola.

Esse "melhor eu ir" pode soar como uma ameaça de punição iminente, mas não deveria ser percebido assim. Muitos pais recorrem à armadilha da autoridade para educar os filhos. Combater uma emoção com outra, com o medo, não ajuda uma criança a transcender e se aproximar da realidade pela apreciação de suas emoções. A emoção nunca desaparece, ela precisa ser dissipada pelo intelecto, que vai produzir no coração da criança uma *convicção*. Vamos abordar esse processo de convencimento e abrandamento da emoção mais adiante, quando falarmos sobre as motivações intelectuais.

A verdade é que o ser humano sabe, por meio de seu intelecto, que não pode ser regido apenas por emoções e que deve apreciá-las. Não à toa, é um tanto perturbador para um ser humano se perceber dirigido exclusivamente por seus sentimentos – ele percebe nessa atitude algo grosseiro e bruto. A função dos pais é justamente ensinar seus filhos a se tornarem humanos, aprendendo a sublimar suas emoções em vez de reprimi-las. Sem que sejam desconsideradas, as emoções devem ser direcionadas à convicção de fazer o que para elas é mais real. A emoção que faria a criança perder a aula não a fará se sentir bem e humanamente adequada. Ao evitar a escola, seu intelecto declara que ela se afastou da realidade. E esta é uma percepção, uma apreciação da emoção.

Importante frisar novamente que esta não é uma construção moral, generalizante e normalizadora. Uma criança pode não ir à escola e se sentir bem, mas para tal terá que estar claramente fazendo uso do seu "desejo pelo mal", aplicando-o com sensibilidade para garantir sua liberdade e autonomia e não apenas subjugando-o à sua emoção. A exceção, por mais legítima ou frequente, não exclui a regra.

O percurso do impulso dos sentidos é apreciado pelas emoções, e estas são apreciadas pelo intelecto. Este "percurso" possibilita a experiência humana da percepção. A percepção é o processo em que nos damos conta daquilo que é real. Nenhum ser humano gosta de intuir que sua noção de realidade é deficiente ou distorcida. Além de perigosa, essa cogitação é desorientadora.

Entretanto, apesar da importância das percepções, é frequente que elas produzam toda sorte de equívocos. Há, por exemplo, os hedonistas, cuja percepção é de que apenas os sentidos e prazeres representam a realidade. Se algo não pode ser sentido, não é real!

O mesmo ocorre com pessoas excessivamente emocionais. Para elas, se a experiência não foi gerada por uma emoção, não é real. Se ela odeia uma pessoa, essa emoção qualifica a realidade de forma absoluta. O fato de que outros tenham apreço pela mesma pessoa ou que em situações diferentes essa pessoa não tenha sido tão odiosa parece não importar. Nenhuma outra possibilidade é considerada. Se eu sinto ódio, então o objeto do meu ódio é odioso e ponto. Se sinto medo, tristeza ou qualquer outra emoção, nada poderá abrandar a sensação de que essa é a realidade. Tal é a percepção de uma pessoa emocional, ou seja, de alguém excessivamente emotivo e dominado por irrupções de sua emoção.

Há também pessoas propensas a percepções intelectuais, ou seja, percepções de que algo só é real se puder ser congruente e arrazoado. Um intelectual não é o mesmo que uma pessoa inteligente, significa apenas uma pessoa que vive a partir de seu raciocínio. Muitas pessoas são muito inteligentes, mas não vivem a vida inteligentemente. A percepção intelectual é de que a realidade está apenas onde seu entendimento alcança. O intelectual se sente comprometido com seu pensamento, porque onde quer que esteja sua percepção intelectual é de lá que será emanada a realidade.

Sem dúvida, a congruência é um atributo essencial para se alçar à realidade, mas pode também se transformar numa afetação, num exagero perceptivo. A intelectualidade pode errar a mão e se fazer demasiadamente racional, complexificando ou confundindo a realidade. A percepção intelectual gera assim uma dependência de que algo só pode ser real se for lógico e coerente. Esse desequilíbrio faz do intelecto uma espécie de "emoção", e assim a pessoa se torna "emotiva por coerência".

> ... e não seguireis o vosso coração, e nem os vossos olhos, pelos quais vocês se prostituem.
>
> NÚMEROS 15:39
>
> O Criador não pode ser enganado. Nem o sábio pode ser enganado e nem a comunidade pode ser enganada, porque não são tolos. O único que pode ser enganado é aquele que engana a si próprio. E, convenhamos, que grande sabedoria há em enganar alguém tão tolo?
>
> RABI NOAH DE LECHOVITZ

A percepção é um recurso que serve para evitar equívocos e impedir que se aprecie erroneamente. Como apontamos, fazer a leitura errada da realidade, além de ser perigoso à existência, "prostitui" o indivíduo. Sentir-se prostituído responde por um sentimento grosseiro, oriundo do mal-estar da estupidez, do aviltamento imposto à sua humanidade. Prostituir-se simboliza a menos-valia da dignidade humana, de suas qualificações e potências.

As percepções são fundamentais em nossos afetos. Estar equivocado, além dos custos, faz o ser humano se sentir tolo e distanciado da realidade. Um animal também busca não ser tolo porque isso lhe é vital para existir. Num humano, no entanto, há uma apreciação desse sentimento, razão pela qual é mais tóxico estar equivocado. Isso porque tal condição implica não apenas um sentido ou sentimento equivocado, mas uma percepção imperfeita. Produzimos assim não somente erros, mas tolices – afetos errados e apreciações do afeto erradas. Tamanho distanciamento da realidade produz vertigens no ser humano. Rabi Noah traduz essa vertigem explicando que nem Deus, nem o sábio, nem o coletivo se baseiam em percepções. É por isso que, em certo grau, estão imunes à tolice. E sim a tolice prostitui o indivíduo, e é uma percepção que avilta a condição humana.

A condição humana é definida pelo "metamandamento" de não "seguir o coração e não ir atrás dos olhos", como está dito no *Livro de Números*. O tolo é aquele que segue o coração e os olhos, ou seja, que se guia exclusivamente por emoções e sentidos. Porém, a ordem em que são mencionados "coração" e "olhos" parece invertida. Deveríamos apreciar os sentidos primeiro e só depois as emoções, e, portanto, a ordem deveria ser "... e não seguireis vossos olhos nem ireis atrás do coração...". Mas, tal como é dada, a ordem está correta, pois leva em consideração a gravidade da "tolice" ou da "prostituição". Por isso, o epicentro do equívoco está mais na percepção (coração) do que no estímulo (visão).

Essa é a experiência dos humanos: ao sofisticar suas apreciações, correm também riscos de se distanciar ainda mais da realidade. Por isso muitas apreciações resultam, desastrosamente, em ilusões e fantasias.

Reverter a ordem de confiabilidade entre os sentidos factuais de ver ou ouvir e a emoção, afirmando-os menos confiáveis do que esta última, e dizer que a emoção, por sua vez, é menos confiável que o intelecto, é uma faca de dois gumes. Por um lado, esse tipo de avaliação faz da consciência um recurso inestimável para se aproximar da realidade e, por outro, um estímulo e fomento à tolice, ao distanciamento da realidade. Tão grave pode ser este afastamento a ponto de gerar o imenso desvalor mencionado pelo rabino de maneira irônica: "E que grande sabedoria há em enganar um tolo?" A percepção, com certeza, é apenas um primeiro aprimoramento para se aproximar da realidade.

O amor –
O rei das percepções emocionais

A percepção humana produz um efeito muito particular: o amor humano. Para os animais, o amor é apenas mais uma emoção entre a gama das que são experimentadas. No entanto, no momento em que a emoção do amor é apreciada, ela se torna uma superpercepção para os humanos.

O amor é a emoção da atração. É o contrário da emoção do ódio, prima da emoção da aversão, ambas produzindo o efeito de querer estar longe. E, apesar de todas as emoções emanarem da vida, o amor é privilegiado. Ele brota com a particularidade de "querer ficar perto" da essência da própria vida.

A origem do amor é que amamos viver. Todo ser vivo ama viver. É desta relação que depreendemos todos os amores. Não há ser vivo que não ame a sua vida, sendo esta a própria conexão entre viver e existir. O viver é a apreciação do existir vivida como um grande amor. Isso confere superpoderes à emoção do amor.

Quatro são as formas principais da emoção do amor a serem apreciadas, todas derivadas da vida e da estima por ela: 1) amores por continuidade; 2) amores por empatia; 3) amores por simpatia e 4) amores reflexivos.

1) Amores por continuidade

> *Honra a teu pai e a tua mãe, para que se prolonguem os teus dias na terra que o Senhor teu Deus te dá.*
>
> ÊXODO 20:12

Os amores por continuidade são os amores parental e filial. Nosso amor-próprio decorre do amor à vida, e é assim, por conexão, que se estende aos filhos. Os filhos são a nossa própria vida, razão pela qual tentamos nos intrometer tanto na vida deles. Apesar de ser um amor incondicional por destino, ainda assim depende de mérito. Se nossos filhos não atenderem às expectativas da "nossa vida", teremos problemas com isso, mesmo que a conexão com eles seja inquebrantável. Assim é a percepção do amor parental humano.

Os filhos, por sua vez, têm um amor de natureza similar, que também se estende do amor à vida. Porém, para "amar a sua vida", buscarão se diferenciar dos pais e limitar as expectativas dos mesmos. A grandeza desse amor também é distinta, uma vez que os filhos devem a própria vida aos pais. E assim os pais se tornam maiores do que a própria vida, criando a possibilidade de que os filhos se sacrifiquem por eles. Desde o imaginário primitivo que considerava plausível o sacrifício de um filho até o uso de jovens convocados a lutar nas guerras de seus pais, como vemos em diversos episódios da História, o amor filial se revela uma medida de amor maior que a própria vida. A percepção humana sobre a emoção deste amor é "honrar", como referida nos Dez Mandamentos. Não temos menção, no entanto, sobre a percepção do amor parental justamente porque é derivado diretamente da própria vida. Para os filhos, porém, é preciso a quarta cláusula dos Dez Mandamentos, que é a de "honrar". A percepção do amor definida por "honrar" propõe, como é comum com questões de honra, a "decência" de oferecer até a própria vida, se for o caso. A causalidade que o texto oferece – "para que se prolonguem os teus dias na terra" – só é possível através da percepção de que sua vida é melhor representada pelo "amor próprio" da honra do que pelo amor à própria vida. Essa é a razão pela qual não é dito "Ama a teu pai e a tua mãe", mas "honra". O amor é uma emoção, a honra é uma percepção do amor.

2) Amores por empatia

> ... amarás o teu próximo como a ti mesmo. Eu sou o Senhor.
>
> LEVÍTICO 19:18
>
> Para amar o próximo como a mim mesmo tenho que reconhecer que ninguém co-

> nhece melhor as minhas muitas faltas do que eu mesmo! Porém, eu me amo apesar de todas elas. E é desta forma que alguém deve "amar o seu próximo como a si mesmo": não sendo severo, como faz consigo, seja lá quais forem as faltas que identifique nesse próximo!
>
> REBE DE PREMISHLAN

Amar o outro como a si mesmo não é uma proposta moral ou um padrão de "bondade". A começar pelo fato de que ninguém pode ser comandado ou aconselhado a amar. Amar é uma emoção e, por isso, é algo que não pode ser provocado a não ser internamente, involuntariamente. Fica claro, pela citação, que para "provocar" o amor será necessária a apreciação ou a qualidade empática do amor.

Para estender o amor ao outro, tenho que reconhecer as características do amor que tenho para comigo. Se sou complacente com minhas faltas, posso estender esse amor ao meu próximo. Não tenho como amá-lo a não ser como um prolongamento do amor que tenho por mim mesmo. A empatia é a forma de transladar e transmitir amor ao outro.

A educação humana tem também a função de desenvolver a empatia para gerar fraternidade e sociabilidade. A irmandade nasce desse adestramento – devemos estender aos irmãos o amor que sentimos por nós mesmos. E esse é o padrão que possibilita a civilidade. Quando uma criança desfruta de seu brinquedo no parque e outra criança faz menção de utilizá-lo, caberá aos pais instruir os filhos com civilidade. Eles podem orientar a criança a apreciar a emoção possessiva para que empreste o brinquedo. Se isso for feito apenas através de autoridade, não se produzirá nenhum aprendizado sobre apreciar sua emoção. Se for por via de racionalizar a apreciação, argumentando benefícios caso, por exemplo, deseje algum brinquedo do amigo no futuro, então se terá apenas fomentado a percepção mercantil e criado um interesse. Não haverá aprendizado amoroso. Se, no entanto, for evocada a empatia, a criança poderá "amar o próximo" por meio de um outro sentimento que a convence, justamente o "amor a si mesmo".

> *"De que forma posso 'amar o próximo como a mim mesmo', se meu semelhante me prejudicou?", perguntou o discípulo ao rabino. O rabino respondeu: "Ama teu próximo como se fosse você mesmo."*
>
> *Somos todos provenientes de uma mesma alma original e todas as almas são uma única alma. Pode acontecer às vezes que sua própria mão, por descuido, o atinja. Acaso você correria para pegar um porrete e castigar a sua mão porque ela fez algo errado, ampliando sua própria dor?*
>
> HASIDIC ANTHOLOGY, P. 165

A empatia faz amar o outro por afinidade, porque "você é ele" e "ele é você". Se ele continuar sendo ele, apartado de sua vida, você não conseguirá estender seu amor. O inimigo ou a outra criança na praça requerem amor por empatia. E o amor, uma vez instaurado, pode expandir em cada um o desejo de estar ainda mais perto, permitindo processos que vão da amizade à cumplicidade.

3) Amores por simpatia

> *E disse Adão: Esta é agora osso dos meus ossos e carne da minha carne...*
> *Portanto deixará o homem seu pai e a sua mãe, e apegar-se-á à sua mulher, e serão ambos uma carne.*
>
> GÊNESIS 2:23,24

Numa linguagem heterossexual, patriarcal e tradicional, vemos a descrição do amor por simpatia. Por mais ruídos que essa afirmação contemple às sensibilidades de nosso tempo, é absolutamente correta no quesito da natureza do amor por simpatia. Ele depende de similaridade.

A similaridade que vemos em outra pessoa produz atração. Esse processo de querer ficar mais próximo do outro provém da simpatia, de um apego ou estima relacionado a si próprio. Quando algo nos agrada por afinidade, traz a percepção de que é "osso dos meus ossos, carne da minha carne". Essa compatibilidade não acontece apenas por semelhança e pode até se dar por dessemelhança, mas se manterá relativa a você, a seu "osso" ou sua "carne". O outro que é amado por simpatia "encarna" algo que lhe diz respeito e por isso você quer ficar mais e mais próximo. Essa percepção do amor humano é uma apreciação da emoção do amor. O amor romântico e a paixão são percepções que nos levam a sair de casa e constituir outra casa, o que leva a tantas outras implicações.

4) Amores reflexivos

> *Amarás, pois, o Senhor teu Deus de todo o teu coração, e de toda a tua alma, e de todas as tuas forças.*
>
> DEUTERONÔMIO 6:5

Outra vez o texto bíblico evoca o amor como um mandamento, desta feita direcionado ao Criador. Com certeza elabora não sobre a emoção do amor, impossível de ser cobrada, mas a apreciação do amor. Só a apreciação pode ser voluntária, a emoção é involuntária.

A percepção desse amor se origina também no amor que temos por nossa vida, porém pelo viés da gratidão, da reverberação que nos causa sermos amados por outro. Se alguém lhe estender seu amor, você, por gratidão e por comungar do mesmo afeto por si próprio, retribuirá esse amor reflexivamente.

O exemplo mais absoluto dessa percepção do amor vem da representação de Deus como uma fonte eterna de amor incondicional. A noção de que Deus nos ama, de que perdoa e nos acolhe incondicionalmente é a representação desse amor reflexivo elevado à última potência. Se Deus ama de forma ilimitada, independentemente do mérito de cada um, esse amor pode ser o modelo de um amor reflexivo pleno.

Daí a possibilidade de se desenvolver um amor integral, destituído de mérito, e para onde convergem, como descrito no versículo, coração (o sentimento apreciado pelo intelecto), a alma (os desejos apreciados pelas emoções) e as forças (os sentidos apreciados pelos desejos). Devolver este amor virtuoso, imaculado – seja por mérito ou demérito –, é a potência sublime de nossa humanidade.

Importante ressaltar que esse amor não é um pensamento, um conceito mental, mas uma percepção possível unicamente a partir da apreciação, do "bom".

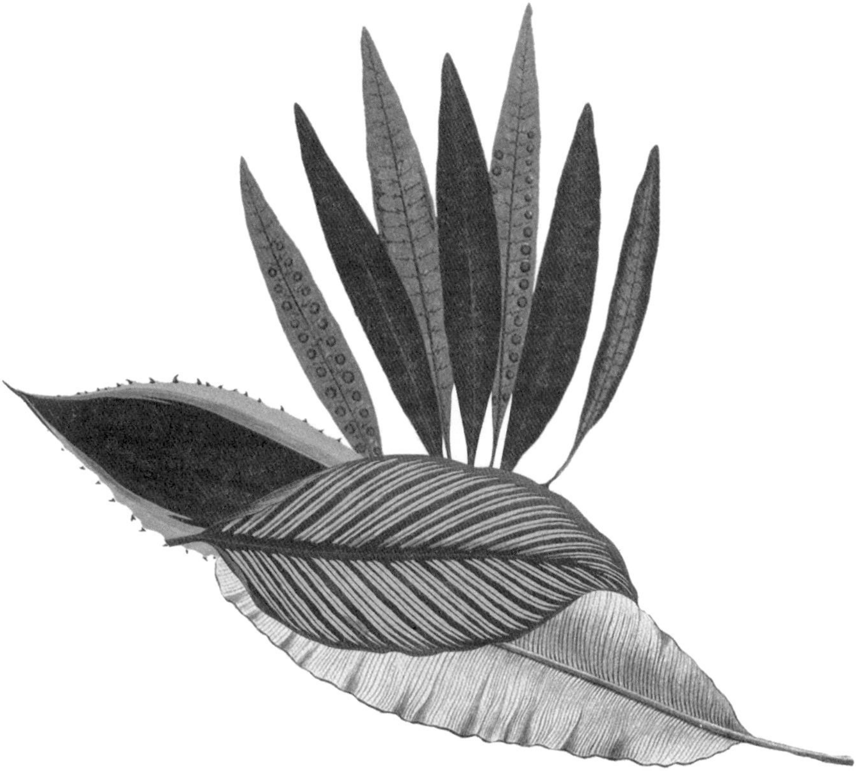

Afeto intelectual – Apreciando motivações

O rabino de Kotzk disse: "Três formas de caráter podem ser reveladas diante da motivação de realizar um ato generoso: 1) Se a pessoa diz: 'Vou fazer prontamente!', seu caráter é pobre; 2) Se a pessoa diz: 'Vou fazer agora!', seu caráter é mediano; 3) Mas se diz: 'Já estou fazendo!', então seu caráter é virtuoso."

Os afetos intelectuais são estímulos de natureza distinta dos desejos (promovidos pelos sentidos); ou das percepções (promovidas pelas emoções). A instigação intelectual não é uma "moção", ou seja, não opera por movimento; ela é um "motivo", opera por causa. As motivações são inquietações que se justificam e se fundamentam. Diferentemente das emoções, que mobilizam e agitam, as motivações aspiram e almejam.

As motivações têm como agente alguma forma de relevância que confere importância às percepções. As percepções que nos aproximam da realidade, ao serem apreciadas, ganham valor por efeito da inteligência. O intelecto ordena e elege. E nós conhecemos essas motivações através de três manifestações que lhe são próprias: a razão, a vontade e o prazer.

Na citação do rabino de Kotzk aparecem, ainda que indiretamente, as naturezas e potências distintas das motivações: a razão conceitua e gera a potência de "fazer prontamente", a vontade anseia por ação e quer "fazer agora", e o prazer, por sua vez, incontinente, se apresenta imperioso em "já estar fazendo".

A motivação da razão tentará convencer; a vontade, por sua vez, vai tentar determinar; e o prazer fará de tudo para arrebatar. Conhecer essas motivações nos ajuda a entender nossas atitudes e comportamentos como manifestações da vida e de suas apreciações.

Razão

> *Palavras do coração são ouvidas pelo coração. Inclusive pelo coração de quem profere as palavras!*
>
> RABI MENACHEM MENDEL DE KOTZK

A razão aprecia os desejos e sentimentos, e a base da educação humana são exercícios de razoabilidade. Quando uma criança, por exemplo, experimenta um desejo ou uma emoção e os aprecia como sendo uma necessidade, fará de tudo para atendê-los. Seus educadores se empenham no treino para que suas demandas passem pelo crivo e perícia de seu intelecto.

Uma criança terá que conhecer continências, restrições e limitações para se civilizar e conviver em sociedades humanas. Todo ser humano reconhece, em algum grau, a razoabilidade dessa proposição civilizatória. Somos cativados pela admissibilidade e sensatez da razão. Qualquer um de nós sabe distinguir, por juízo, o que é certo e o que é errado. Sabemos que o juízo não será a única motivação e, com certeza, que não será a única potência a determinar seu comportamento. Porém, a razoabilidade é o primeiro motivador humano, a primeira apreciação das percepções por via intelectual que nos conduz a modificar nossas percepção e escolha.

A razão consegue convencer uma criança a fazer diferente de sua percepção. Claro, se você trouxer apenas a sua razão, ela ficará totalmente indiferente e rebelde. "Esta é a sua percepção, não a minha!", protesta a criança legitimamente. Para mudar sua percepção por razoabilidade, a razão mental terá que chegar ao "coração", à esfera das percepções e sentimentos, e convencê-los.

Essas são as "palavras do coração" a que se refere a citação do rabino de Kotzk. A mente terá que encontrar uma forma de convencer o coração em sua própria linguagem, que não é mental. A mente terá que apreciar as percepções e produzir não um pensamento, mas uma nova percepção. Será no processo de ser impactada por "palavras do coração" que a criança repetirá em fala própria "palavras do coração". Só então, ao proferir suas próprias palavras, ela será afetada pelas mesmas.

O convite para que alguém escute as "palavras de coração", que lhe são sugeridas também de coração, produz a convicção, a razão aplicada à percepção. É assim que se forma uma motivação na esfera intelectual. São esses convencimentos que educam uma criança a ser um humano maduro.

Sabemos, no entanto, que muitas vezes a pessoa pode estar convicta de que algo está errado ou inadequado, e mesmo assim prosseguir com este comportamento. Isso se dá por conta de uma motivação mais potente: a vontade.

Vontade

> O Gerer Rebe disse: "É dito nos salmos que 'devemos primeiro abandonar o mal e só então fazer o bem'. Eu acrescentaria que, se você acha difícil seguir este conselho, deve primeiro fazer o bem, para que assim a vontade de fazer o mal automaticamente se afaste de você!"

Uma vontade é uma excitação potente derivada das percepções. Ela é um termo genérico para todas as motivações. Sua natureza é de ser uma motivação dominante. A vontade geralmente subjuga e arregimenta as emoções para trabalhar para si.

Quando, em vez de ter uma percepção ou uma opinião sobre uma determinada questão, uma criança entra em contato com uma vontade, "palavras do coração" não irão demovê-la. Convencer uma vontade não é possível. O recurso mais comum de pais e educadores é contrapor a vontade com a autoridade, ameaçando com punição ou constrangimento. A vontade, porém, não é suprimida pela repressão e permanecerá ativa, esperando a oportunidade para se externar.

Todas as emoções ficam assim motivadas e subordinadas à vontade, não havendo razoabilidade capaz de contê-la. Apenas uma outra vontade, uma vontade maior, pode rivalizar com ela. E esse é o segundo degrau da formação de um ser humano: aprender a atender vontades maiores. Quando se tem, por exemplo, vontade de comer algo, mas é preciso restringir tal consumo a fim de se evitar prejuízo à saúde, ou evitar engordar, será necessário encontrar uma outra vontade para anular a vontade inicial. Apenas o convencimento não terá efeito. Será preciso despertar vontades maiores, tal como evitar o mal-estar ou a perda da condição física.

É fundamental entender que a razão não tem ascendência sobre a vontade. Ficamos chocados quando alguém declara que sabia estar cometendo um engano e mesmo assim o realizou. A pessoa pode estar convencida e ter a opinião de que é equivocada, e mesmo assim atender sua vontade.

Disso fala o Gerer Rebe na citação: só através da vontade de fazer o "bem" você pode combater a vontade de fazer o "mal". Se o mal for uma vontade, ele não precisa ser legitimado por razoabilidade. Qualquer motivação é justificável porque nasce de um motivo e é provocada por algo que parece verdadeiro, fundamentado. A sugestão do Gerer Rebe é produzir outra vontade, uma vontade de fazer algo de bem, e esta vontade neutralizará a vontade inicial de fazer algo de mal.

> *Faça a vontade Dele como se fosse a tua própria, assim Ele fará a tua vontade como a Sua própria. Anule tua vontade perante a vontade Dele, e assim Ele anulará a vontade de outros face à tua vontade.*
>
> ÉTICA DOS PAIS 2:4

A fórmula está explícita nesta frase da *Ética dos pais*. A vontade de Deus é o símbolo de encontrar vontades maiores que a sua própria. Se você não puder abrir mão de sua vontade, não pode existir civilização. Tem sido um longo processo de aprendizado tornar as vontades de outros maiores do que as nossas próprias vontades. E fazemos isso ao acatar a vontade dos pais, dos cônjuges, dos amigos, dos vizinhos. Sem isso não há possibilidade de convivência.

A vontade de Deus é simbólica deste ato de anulação da própria vontade por uma outra maior. Apenas quando for capaz de anular a sua vontade para atender a uma vontade maior (de Deus), outros poderão anular a sua própria vontade tomando a sua como maior. A preponderância de outras vontades sobre a sua vontade é o princípio da civilidade.

Prazer

> *Você pode estar adormecido, mas seu prazer está desperto.*
>
> REBBE MORDECHAI DE NESHKIZ

O terceiro motivador é o prazer. Para falar do prazer temos que aprofundar o conceito de "motivação". Estar motivado implica ter um objetivo, uma finalidade. Seria de esperar a existência de um agente que originasse tal motivação, já que afetos seguem o princípio de "causa e efeito".

A vida, no entanto, não se constitui de meros afetos, mas da apreciação de afetos. O que mais impacta a vida deriva da estima, da aferição. Quanto mais a vida estima algo, mais intrínseca é a experiência. Por isso, a origem das motivações vai se tornando mais inerente à própria vida, a ponto de com ela se confundir.

A razão, a primeira motivação, é a mais externa. Ela se relaciona com as percepções retiradas dos sentidos e dos sentimentos, construindo pretextos e alegações para formar nossas opiniões. E assim conseguimos entender, de alguma forma, de onde partem as motivações da razão. No caso da vontade, porém, a causa de sua finalidade é bem mais obscura.

A vontade brota também das percepções, mas, em particular, de uma bastante específica: a percepção de que falta algo. O rabino de Ropshitz dizia: "Onde se encontram as ânsias humanas? Onde quer que se acredite que algo falta!"

A vontade é aspirar a algo que falta. Não é um interesse, porque nasce de percepções das faltas que são "apreciadas". Não é só de comida que se sente falta, mas de liberdade, de reconhecimentos, de ser amado, de ser útil, ou seja, dos desejos humanos. Carências dessa natureza produzem vazios que propulsionam as vontades. A apreciação das percepções pelo viés da privação faz das vontades uma motivação bem mais subjetiva do que a razão.

Quando analisamos a motivação do prazer, a causa do prazer fica ainda mais nebulosa. O prazer provavelmente é uma apreciação de tudo que é mais básico e indispensável à vida. Se tenho que comer, justamente por ser imprescindível à vida, manifesta-se um prazer associado ao ato de me alimentar. O mesmo acontece com a reprodução, que sendo imperiosa à vida é uma área rica em prazeres. Não é de estranhar que uma motivação com estas características venha blindada à possibilidade de ser voluntária. O prazer é forçoso justamente porque motiva o que é vital.

Por representar o próprio prazer de viver, a natureza do prazer é irrefletida e espontânea. Como um instinto incondicional, ele seduz e sequestra todos os sentidos, emoções e inteligência, produzindo um efeito de inteireza e de fusão vividos como um êxtase.

A natureza intrínseca do prazer é inegociável e retira autonomia ao ser humano. Se a razão pode ser modificada por "palavras do coração" que convencem e tornam alguém convicto; se as vontades podem ser contrapostas por vontades maiores, não é assim com o prazer. O prazer é totalmente involuntário, nasce na vida e se dirige para a vida. Causa e efeito são fundidos, numa apreciação de arrebatamento.

Quando uma pessoa, por exemplo, decide não comer uma iguaria porque não lhe fará bem e consegue contrapor a vontade de comer com a vontade de preservar seu bem-estar, ainda assim o prazer de comer permanece inalterado. Posso ter a opinião de não comer, posso até não querer comer. No entanto, o gosto e a experiência de prazer se consumam na boca. Ao gerar prazer, tal como qualquer outro prazer, o sabor continuará prazeroso independentemente da opinião, e até da vontade.

Essa condição vegetativa do prazer pareceria reverter o prazer a uma instância da existência, de um afeto que não pode ser apreciado. No entanto, se o ser humano não tem poder para cancelar o prazer, aprendeu a apreciá-lo de duas formas: por evasão ou por ampliação.

A primeira forma de apreciação é a humildade de reconhecer que nenhum de nós consegue evitar o prazer. Ninguém pode ser responsabilizado por sentir prazer, já que ele é incontinente. E a apreciação dos prazeres acontece então não por controle, mas por gestão. Já que não temos como evitar o prazer, aprendemos a evitar as circunstâncias.

O processo de civilizar ensina a rever opiniões, reconhecer vontades maiores e a esquivar-se de situações de prazer irresistíveis. Por isso a citação de Rebbe Mordechai adverte que o prazer ronda sempre, desperto e soberano. Você pode não ter razões ou vontade, mas ele independe disso.

Ao mesmo tempo, as estratégias de esquivar-se do prazer são perigosas. As motivações são fragmentos da própria vida e reprimi-las ou errar a mão – seja no convencimento pela razão, na sublimação por nova vontade ou na evasão – pode prejudicar substancialmente o viver.

A segunda forma de apreciação do prazer não diz respeito a interferir nele, mas a geri-lo, estendendo-o para além das funções vitais da vida. Foi assim que o ser humano desenvolveu formas de prazer sexual dissociadas da reprodução; de prazer intelectual não atrelado ao tema da sobrevivência e de prazer derivado de comportamentos nobres e generosos. O prazer é assim expandido para novas áreas, tais como o prazer de ser livre, reconhecido, amado e útil. As apreciações, portanto, permitiram que novas áreas de prazer fossem inauguradas, ampliando os motivos para o prazer sem intervir ou alterar sua natureza.

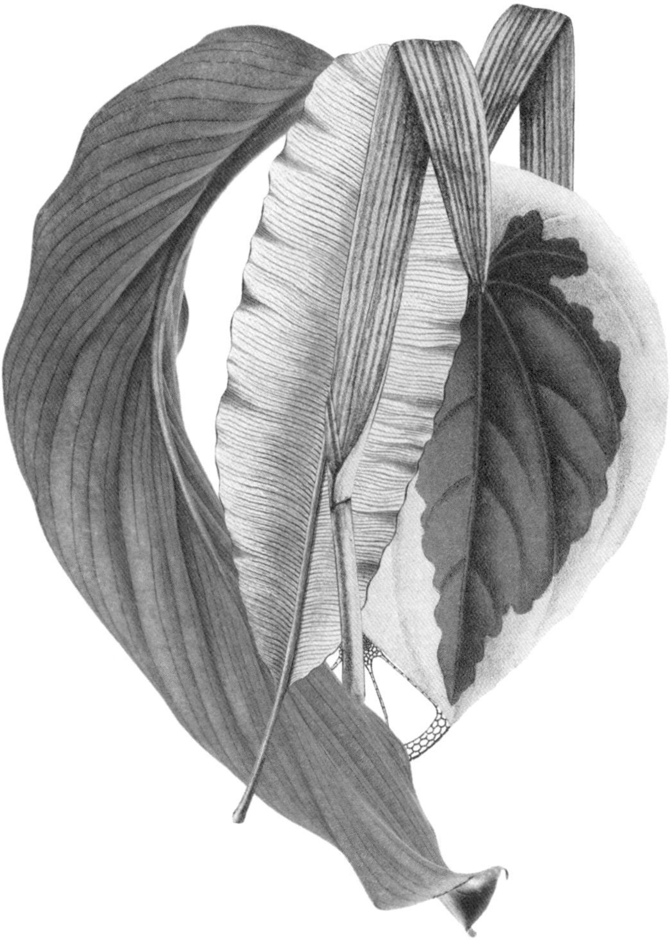

Afeto espiritual – Apreciando vínculos

O Neschizer Rebe contou a seguinte história: "Tarde da noite, um homem foi até a casa do rabino de Berdichev e lhe pediu abrigo. O rabino o recebeu hospitaleiramente e foi preparar sua cama. O homem então questionou: 'Por que está se dando ao trabalho de preparar minha cama?' O rabino respondeu: 'Pode ter certeza de que não faço isso por sua causa, mas por mim mesmo!'"

A última fronteira da apreciação dos afetos é o vínculo. O vínculo é uma apreciação do afeto do outro que leva à afetação de si próprio. A tentativa de entender o vínculo não como um conceito e sim como um afeto humano não é trivial. Demanda perceber uma "metarrealidade", um olhar de fora de seu contexto. Todas as apreciações são uma forma de dar um passo atrás e observar de fora, com distanciamento, os afetos. O olhar "de fora" produz o descolamento entre corpo afetado e corpo que se percebe afetado. Essa é nossa consciência. Ela se apresenta quando as necessidades perturbam desejos, quando as emoções fornecem percepções e o intelecto elabora motivações. Dispondo de desejos, percepções e motivações, o ser humano descobre o "eu", a ânima autônoma capaz de experimentar por si só o "bom".

A última esfera, a do vínculo, só é possível a partir do advento deste "eu". Será pela apreciação do afeto do "eu" que surgirá o vínculo. Isso porque o "eu", a sensação de ser sujeito, é um afeto; um afeto sublime da vida. Não é por acaso que identificamos a dissolução deste afeto do "eu" como a morte, o cessar da manifestação da vida, de todas as apreciações de afetos. Por isso a ciência de hoje preserva em hospitais pessoas que existem e que já não vivem.

O aparecimento do "eu" a partir das apreciações de desejos, percepções e motivações permite a apreciação do próprio "eu". Ela produzirá o "tu", ou melhor, o vínculo. A apreciação do afeto do "eu" estabelece que o meu sujeito pertence à mesma categoria de todos os demais sujeitos. Na história que acabamos de citar, vemos essa obviedade quando o rabino arruma a cama para seu hóspede. Este ato de servir constrange o hóspede a ponto de lhe provocar uma pergunta central: "Por que está arrumando a cama para mim?" Qual a razão para alguém se sentir afetado a tal ponto de fazer algo que não atende diretamente a si, mas ao outro?

A resposta é reveladora: "Pode ter certeza que não é por sua causa, mas por mim mesmo que estou fazendo isso!" Não estou fazendo para outro, mas para mim! Estou fazendo por vínculo, nesse caso, de hospitalidade. O rabino esclarece que "arrumar a cama" não atende a seu "existir", porém é fundamental para a sua vida. O rabino representa assim a consciência amadurecida de um humano, capaz de apreciar todos os seus afetos.

As motivações da esfera intelectual e os vínculos da esfera espiritual tipificam a vida humana. Mais que isso, possibilitam acesso à própria fonte da vida – o propósito.

> Então, Jonas saiu da cidade e assentou-se ao oriente dela; fez ali para si uma cabana e sentou-se debaixo dela, à sombra, até ver o que aconteceria com a cidade. Deus porém preparou uma espécie de palmeira, que cresceu e cobriu Jonas com sua sombra, a fim de aliviar o seu estado. Jonas alegrou-se muito. No dia seguinte, ao amanhecer, Deus preparou um verme que atacou a planta, que secou. Ao nascer do sol Deus fez soprar um vento muito forte vindo do oriente: o sol feriu a cabeça de Jonas e ele desmaiou. Jonas pediu para si a morte e disse: "Melhor é morrer do que viver!" Deus perguntou a Jonas: "É justo teu desgosto pela planta?" Jonas respondeu: "Estou desgostoso até a morte." Deus disse: "Tiveste compaixão pela palmeira, na qual não trabalhaste e nem fizeste crescer; uma palmeira que nasceu numa noite e numa noite pereceu. Como Eu não haverei de me compadecer da Grande cidade de Nínive, onde existem cento e vinte mil homens que não sabem discernir entre a sua mão direita e esquerda?"
>
> JONAS 4,5:11

Na história bíblica de Jonas, encontramos uma descrição didática. Na passagem citada, o Criador ensina sobre vínculo. O contexto é a recusa de Jonas em reabilitar a cidade de Nínive. Ele não consegue estender seu vínculo aos inimigos, tampouco é capaz de fazê-lo com o propósito de salvar uma cidade – algo que o rabino consegue realizar pelo simples objetivo de arrumar uma cama. Cabe ao Criador a encenação de um drama que nos será muito útil. Deus cria e destrói a palmeira com o propósito de despertar Jonas. A alienação pode simbolicamente nos exilar no ventre de uma baleia submersa no meio do oceano. Esse ventre de baleia é a antítese do ventre materno, é um útero equivocado de nossa humanidade. O cordão umbilical com a vida coletiva é justamente o ato da Criação e o advento do "bom".

O alienado se distancia do "bom" e diz "Melhor é morrer do que viver!". A ausência de "bom" nos faz "desgostosos até a morte". Porque a morte é esse desgosto, essa incapacidade de alcançar o que é "bom". Indignado diante disso, o Criador mostra a potência do vínculo que implantou em sua criatura humana. A apreciação do afeto que Jonas tem por uma efêmera palmeira que entrou em sua vida na noite anterior é a oportunidade para despertá-lo para essa potência.

O recurso dramático utilizado pelo Criador é o de criar e destruir. O "não-bom" que afeta Jonas pela morte da palmeira é como um desfibrilador para seu coração desafetado. E o fato de termos o Criador sendo obrigado a criar e destruir para arrazoar com Jonas O recoloca na cena original. Lá está um detalhe fundamental a ser revisitado. É o insight divino de ter que recorrer aos primórdios da Criação que nos permite rever uma premissa basilar da vida e que, geralmente, passa despercebida.

Origem do propósito

Se Jonas estabelece vínculo com a palmeira e Deus com a cidade, imagine-se o vínculo que se propagou do Criador à sua criação. O afeto que Deus discerniu ao expressar "E viu que era bom" não apenas é implantado na criatura à sua "imagem e semelhança", mas representa, em si, um afeto de natureza divina.

Para os ateus, podemos traduzir a ideia de Deus como a própria Realidade ou o ponto inicial na sequência de eventos que constituiu, mesmo que aleatoriamente, o Real. Por isso toda a sucessão "genealógica" de fatos e afetos se interliga por vínculos.

Foi Deus quem exteriorizou o "bom" que encaixa com um objetivo *a priori*. Bom o quê? Bom por quê? Bom porque atendeu a uma necessidade. Só foi possível envolver-se com afeto porque se atendeu a alguma carência ou expectativa divina.

Pode parecer uma heresia pensar numa necessidade divina, porém, na verdade, trata-se de uma virada de chave importante para entendermos que os desejos e as motivações não são humanos. Todos os desejos, vontades e motivações não são nossos. Não fomos agentes de nossa criação, fomos criados, o que implica que a finalidade pertence à esfera de Deus. Não pedimos para nascer, crescer ou morrer, nada disso é uma necessidade nossa. As necessidades e motivações nos precedem, e todos os nossos afetos e as apreciações dos afetos estão subordinados a essa realidade.

Deveria ser um grande alívio descobrir que não necessitamos de nada. Tudo que se assemelha a um desejo, vontade ou motivação é derivado de uma privação ou precisão divina, ou seja, Deus é que sente necessidade. E a apreciação de todos os quereres da vida apontam para este vínculo que nos afeta mais do que qualquer outra coisa da realidade pode afetar. Estamos a serviço, nós somos parte do "bom".

Quando apreciamos o afeto do vínculo com o "bom" desde nosso umbigo, então um simples arrumar a cama para outra pessoa por vínculo significa a "certeza de que não é por você, mas por mim mesmo que estou fazendo!".

A essência do propósito é essa. Quando todos os meus interesses terminam, ainda assim tenho vínculo e continuo engajado através do "bom". O propósito está entalhado em nós e percebemos isso sempre que transcendemos as nossas carências e as apreciamos como um afeto direcionado ao "Outro", o tal vínculo.

Sem vínculo não há propósito e você não irá encontrá-lo nem em seus desejos, nem em suas vontades, nem em suas motivações.

Saudades

O vínculo é tão intangível que temos dificuldades de identificar qual é o seu afeto correspondente. Reconhecemos o vínculo como a apreciação de um afeto, mas ficamos confusos ao caracterizar o que nos impacta numa experiência de vínculo.

Ao tratar o vínculo como oriundo da própria Criação, do "bom" que afeta o Criador, identificamos que seu fator impactante é a saudade. Se, como vimos, todas as necessidades implícitas na criação pertencem ao Criador e o nosso propósito é um serviço, uma função ou uma missão, então constatamos que em nós se faz presente uma ânsia pela execução de tal tarefa.

Este ato de anelar, este expectar por cumprir com uma função nasce do vínculo com a vida e com o Criador, o responsável pela vida. O propósito é formado assim do nó (vínculo) entre nós e nosso serviço. Essa serventia se expressa pela saudade, pela nostalgia do vínculo. E basta ao ser humano parar suas atividades e contemplar ou realizar um singelo ritual para que a nostalgia encravada nele desperte.

Viver é atender a propósitos que não são propriamente nossos, mas produzidos por vínculo. E a experiência do propósito é vivida através do vínculo, que amarra, numa de suas pontas, as saudades do passado; na outra, a ânsia de, no futuro, cumprir sua função (o bom). Nesse sentido, o vínculo e sua saudade se manifestam não como melancolia, mas como esperança.

QUADRO SISTÊMICO DO AFETO

                    FÍSICO
EMOCIONAL   INTELECTUAL
       EXISTENCIAL

AFETO   SENTIDO
      EMOÇÃO   VALOR
   SAUDADE
(Bom)

APRECIAÇÃO   DESEJO
    PERCEPÇÃO   MOTIVAÇÃO
   VÍNCULO
(Muito bom)

EXPERIÊNCIA   EXISTIR
    EXISTIR   VIVER
       VIVER

EFEITOS   Bem-Mal-Neutro   Hedonista-Emotivo
Intelectual Razão-Vontade-Prazer   Propósito

AFEIÇÕES   AQUILO (objeto distante)   ISSO
(objeto próximo)   EU   TU

AFETAÇÕES   APEGO
    CONTROLE   ARROGÂNCIA
NARCISISMO

FONTE DA AFETAÇÃO   Ação de Emoção / Emoção sem Inteligência / Inteligência sem Emoção / Emoção da Ação

Neste quadro sistêmico, temos a relação de 1, 2, 1, 2. Desejo (1) e Percepção (2) são apreciações dos afetos tangíveis a partir dos sentidos e das emoções, respectivamente. Já Motivação (1) e Vínculo (2) são apreciações dos afetos intangíveis, o pensar e o viver.

Quanto ao quesito relativo à sua natureza, Desejo (1) e Motivação (1) são semelhantes, enquanto Percepção (2) e Vínculo (2) são similares. Desejo e Motivação são objetivos, Percepção e Vínculo, subjetivos.

III

INTERESSES (Afetações)

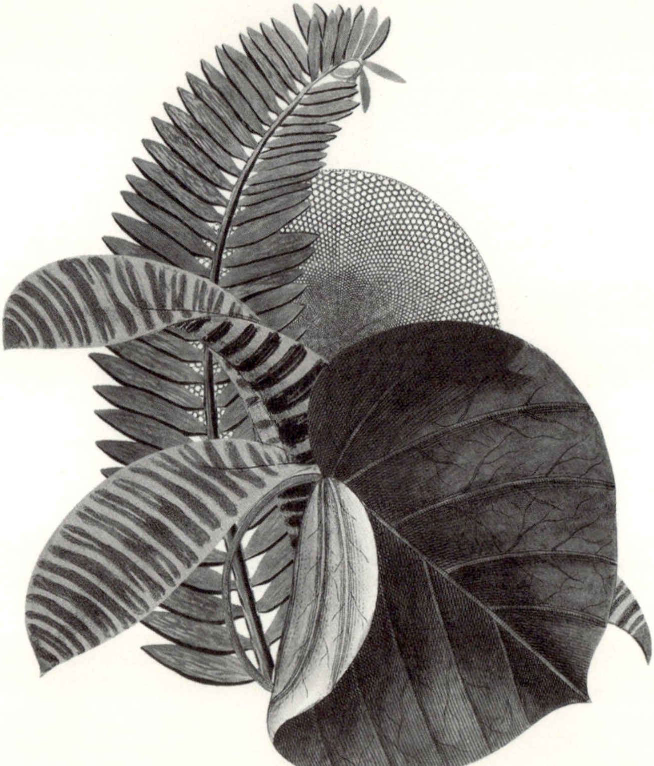

Os interesses –
Para baixo (eu) ou para cima (não-eu)

Um prosélito procurou Hilel, pedindo-lhe que ensinasse toda a Torá enquanto ele se equilibrava sobre uma perna só. Hilel lhe disse calmamente: "Não faça aos outros o que não quer que façam a ti. Eis toda a Torá. Todo o resto é comentário. Vai e estuda!"
Talmude, Shabbat 31a

Quando, em sua consciência, o humano encontrou o "eu", este passou a ser um divisor absoluto na apreciação do afeto. Nesse sentido, tudo aquilo que passa pelo "eu" deve ser apreciado a partir de duas direções: se irá para baixo ou se irá para cima. Para baixo, aqui, quer dizer intensificar o senso de si e atender a seus instintos e interesses (a existência). Para cima, abrandar o senso de si e experimentar alguma forma de altruísmo (a vida).

Isso acontece porque o "eu" contém um paradoxo. Por um lado, produz o senso de individualismo, que faz com que alguém cuide de seus interesses; por outro, representa a ficção de que é separado da existência. Ao se perceber isolado, distinto de toda a natureza, o "eu" se revela um mero conceito. O corpo, por exemplo, existe muito mais do que o "eu". O "eu" é uma projeção da vida, não da existência. Por isso, tal como um tubarão, precisa mover-se para não se asfixiar e só consegue existir no fluxo das moções da vida. A pergunta incessante e vitalícia do eu é: "Para continuar sendo, devo reafirmar a minha individualidade ou abrandá-la?" Tal apreciação é a essência do "eu".

O "eu" precisa apreciar a si mesmo o tempo todo para se manifestar. E ele vive a dualidade de se representar tanto sendo mais de si como sendo menos de si. Assim como o coração bate a cada momento, o "eu" precisa fazer essa escolha eterna. Sem essa aferição, sem a apreciação de si, o "eu" evapora.

A tradição chassídica nos ajuda a visualizar tal dualidade através das figuras da pedra e do fogo. A pedra representa o interesse de solidificar o "eu". A pedra está, como toda matéria, sendo constantemente atraída para a terra. Quando cai em função da força da gravidade, a pedra repousa "satisfeita" em sua objetividade. Como objeto, ela se fortalece quando depositada sob a condição de um "isso". O fogo, no entanto, faz o movimento contrário e se eleva. Diferentemente da pedra, que ao descender reforça sua solidez, o fogo vai da chama ao calor e ao desaparecimento. O fogo, ao se consumar, retorna à sua fonte: a energia.

Podemos dizer que a dualidade do "eu" acontece para atender a duas forças mutuamente excludentes que o substanciam – "eu sou" e "eu não sou". Para se preservar, o "eu" será animado por instintos (afetos) que promovem individualismo e amor-próprio, mas também por idealismos, por apreciações que o ampliam e aperfeiçoam. Nas palavras de Martin Buber, "eu sou" é representado pelas "objetividades" do passado, e o "eu não sou" pelo "essencial" vivido em presença. A presença não é um conjunto de ideias, mas a relação eu-tu, experimentada literalmente diante de outro que não seja o próprio sujeito.

Esse parceiro fantasma do "eu" é o "tu" – ora um estorvo no caminho e nas aspirações do "eu", obrigando-o constantemente a se limitar e refrear; ora a fonte de valores que o motivam e vinculam. Para as aspirações de liberdade e afirmação, o outro é um inimigo; para as de ser amado e útil, o outro é um aliado.

Essa é a razão pela qual, na citação feita há pouco, Hilel reduz toda a instância espiritual ao esforço "para cima" do fogo – o ato de atender ao outro e atenuar a si próprio. Todo o resto, na esfera espiritual, é comentário, é corolário. O que está em jogo para o "eu" é a escolha entre "apreciar" afetos ou apenas ser afetado por eles. Quando escolhe atender aos afetos objetivos entre as coisas, o "eu" se fortalece como uma instância separada e individualizada. Quando, porém, escolhe se aproximar de sua fonte, se revigora através de vínculos e altruísmo. Um o objetifica mais, o outro intensifica sua presença.

Dessa forma, uma é a escolha do "eu" em sua direção para baixo rumo à afetação; a outra é a escolha para cima, em direção à apreciação. A afetação produz efervescências e entusiasmos que reforçam o existir e engordam o "eu"; já a apreciação cogita e critica com a expectativa de melhorar. Para baixo é a intenção de ser mais "eu" (a pedra); para cima, é a desaprovação de si, a aversão a si, na busca de um "eu" mais refinado, maior (o fogo).

Coração e mente

Certa vez, uma mulher perguntou ao rabino Yosi ben Halafta: "Se a Criação aconteceu nos primeiros seis dias do mundo, o que é que Deus tem feito desde então?" O rabino respondeu: "Deus gasta o tempo fazendo escadas: para que alguns ascendam e outros descendam."
Midrash Leviticus Rabbah

A escolha do "eu" tem dois equipamentos: o coração e a mente. O coração funciona por emoções; a mente por inteligência. A emoção tem a importante incumbência de nos afirmar. Sua satisfação, como a da "pedra", tem a ver com sentir a si mesma. Para as emoções não há crítica. Se você sente raiva, não há o que conjecturar – o coração não vai questionar seu sentimento. Sua reação será fazer algo, agir. Esse é o movimento para baixo: se você tem um sentimento, então irá ansiar por fazer algo a partir dele. E desde a perspectiva da apreciação, fazer é mais baixo do que a emoção que origina a ação.

A inteligência, por sua vez, questiona a si própria. Mesmo que ela tenha uma opinião, imagina que alguma outra pode existir. A inteligência tem que provar até o que ela mesma pensa porque, ao pensar, já admite outras possibilidades. Tal pensamento crítico, fora da caixa, é o movimento para cima. A inteligência é tão independente que é capaz de questionar o "eu" e os pressupostos do que melhor lhe atende. Isso permite valorar a alteridade e o vínculo, atribuindo relevância idêntica, ou até maior, entre o interesse do outro e seu próprio interesse. Esta é a satisfação do fogo, em que se dissipa e consome a si mesmo ao ir para cima.

Para cima ou para baixo não é uma hierarquia de soma zero. Precisamos de afetos e também da apreciação de afetos. Um ser humano que tente viver somente com sua inteligência perderá contato com seu "eu" porque não há vida apenas em conceitos. Será como um fogo sem pavio e sem óleo que o sustente. Ao mesmo tempo, o ser humano que tenta viver no coração coloca o seu "eu" em xeque porque, afetado unicamente de si e para si, acaba enrijecido e objetificado como uma pedra. Não há refúgio para um humano neste prazer inerte da pedra, pois junto à tranquilidade da pedra ronda a assombração do nada e da inércia.

A humanidade do "eu" reside na apreciação entre coração e mente. Por vezes, o coração terá que ser convertido pela inteligência, por vezes será a mente a ser irrigada de "emoção" a fim de não habitar num mundo de ficções e fetiches. O coração é salvo do aprisionamento a um sentimento imperioso já experimentado no passado; e a mente é salva do vício de conjecturas racionais sobre o futuro. Nesta conversa harmônica e não hierárquica, o "eu" se reconhece e ganha presença.

Tal presença tem como "hormônios reguladores" as emoções e a inteligência, elementos com essências opostas: a emoção é subjetiva e a inteligência é objetiva. A emoção é consciente de si mesma e nela haverá sempre um "eu": "eu odeio", "eu gosto". Em qualquer situação, as emoções falam de si. Mesmo quando dizemos "Eu te amo!", o sujeito não é você, mas "eu". Não há emoção real se ela não for relevante para o próprio indivíduo. Toda emoção é subjetiva porque observa a partir de um si mesmo. Ela se baseia nas perguntas: "Como isso me impacta?" ou "O que você pode fazer por mim?"

Nos capítulos a seguir, vamos observar o relacionamento do coração e da mente. Para tal, buscaremos, intencionalmente, as afetações, as ditas escolhas para baixo. Em tais esferas de interesse, onde o afeto ganha relevância sobre a apreciação, vamos ilustrar alguns dos desafios da consciência.

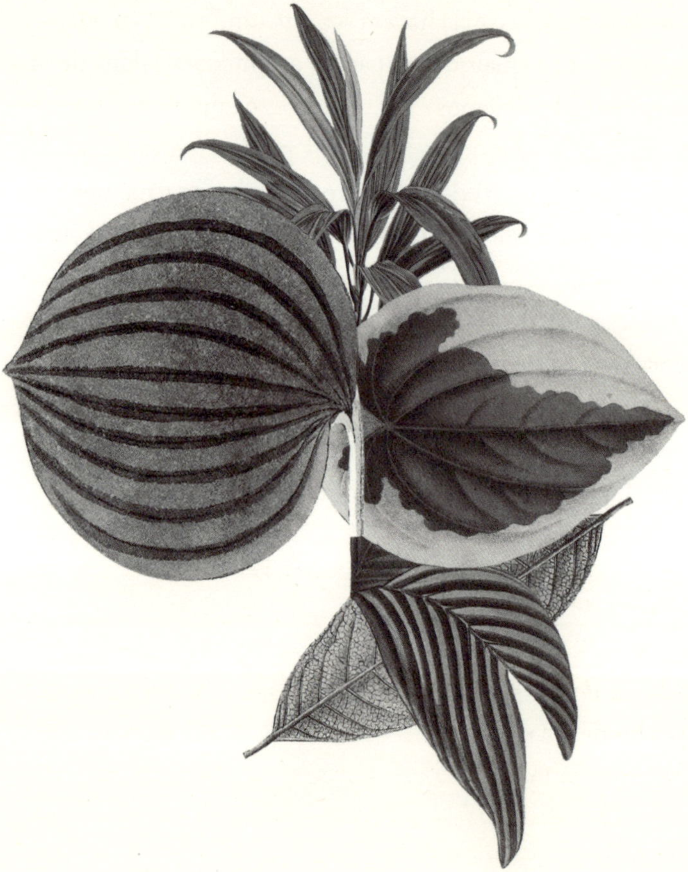

Afetação física – Apego (ação da emoção)

As pessoas foram trazidas a esse mundo com uma razão: Ou elas devem algo para o mundo, ou o mundo deve algo para elas!
Rebe Baruch de Medzibuz

O moto da vida é "Dar e Receber". Todos devem ser ambos, doador e recebedor. Quem não for os dois é uma árvore estéril.
Midrash Rabba

A afetação física tem relação com o termo bíblico que nomeia o ser humano. Adam (Adão) provém da palavra *adama*, terra, conforme o texto: *"E formou Deus o homem do pó da terra."* (Gênesis 2:7) Ao mesmo tempo, a palavra Adam pode derivar da palavra *domé*, o semelhante, conforme o texto: "E criou Deus o homem à sua imagem" (Gênesis 1:27). Assim, o texto bíblico apresenta a dualidade humana da objetificação e da essência. O primeiro aspecto faz com que o ser humano se perceba como um objeto no universo das coisas, representado pela palavra "terra", a formadora de coisas. O segundo, que se perceba vinculado, assemelhado ao Criador, a fonte de sua essência.

O apego deriva dessa condição da "terra". A terra quer atrair para si e promover os afetos que são próprios das coisas. Sem apreciação do sujeito, a única razão para existir é obter o conforto e o sustento, tal como uma pedra em busca do repouso. E assim tudo parece indicar que sim: *o mundo lhe deve algo* e a vida gira em torno de necessidades que são propriamente suas. Diante de tantas carências, a ocupação da vida do indivíduo passa a ser a de buscar coisas para si. Apegados aos itens de sua necessidade, os indivíduos se sentem seguros e bem.

A apreciação permite outra perspectiva, pela qual as necessidades não são intrínsecas à vida, mas pertencem ao mundo. Nesse caso, é o indivíduo "que deve ao mundo". Dever ao mundo é o eixo que concebe a vida de alguém como se a mesma estivesse a serviço em vez de apenas existir para ser servida. Esse é o olhar pelo qual entendemos que a vida não é sobre o que necessitamos, mas sobre o que podemos oferecer e como podemos contribuir. Assim são promovidos propósitos no lugar de interesses.

É o aspecto físico que produz o efeito do apego. Por conta do compromisso do ser humano com a sobrevivência, haverá sempre a demanda de prover as carências básicas. Porém, quanto mais você atender às suas carências, mais acreditará que o mundo lhe deve algo, e estará na contramão do propósito.

Ao mesmo tempo, ter um dever para com o mundo não significa somente doar. A citação do *Midrash* esclarece que o "viver fértil" ocorre através das ações de "dar e receber". Só quem recebe pode valorar o ato de doar. Ao apreciarmos nossa condição "terrena", podemos reencontrar nossa natureza de "semelhante" ao Criador. Quanto maior o valor da doação, mais nítido será o propósito. E o propósito pode produzir o desapego, o distanciamento do mundo das coisas, em níveis como os descritos por Rabi Yechiel de Zlotchov: "Eu nunca precisei de alguma coisa até que a tivesse. Porque, quando não a tinha, estava certo de que não precisava dela."

A relação que estabelecemos com o afeto que brota das necessidades é determinante para nossa compreensão da vida. O apego é uma regressão à esfera dos afetos e se constitui como um interesse básico das afetações.

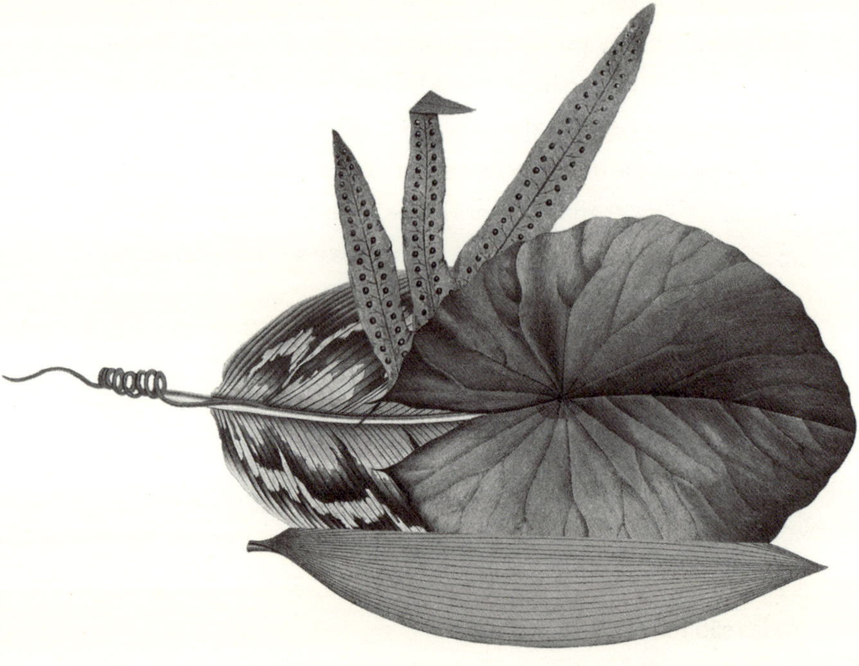

Afetação emocional – Controle (emoção sem inteligência)

É necessária uma grande quantidade de sabedoria para provar ao tolo que existem pessoas mais sábias do que ele!
Rabi Levi de Berdichev

Há dois tipos de impulsos tolos: um que incita a fazer algo errado e outro que convence que o erro cometido era a atitude correta a tomar.
Rabi Mendel de Romanov

A afetação emocional representa o domínio do afeto das emoções sobre a pessoa. Nesse contexto, a pessoa se vale da sensação de que o "eu" se fortalece ao experimentar as emoções, que por sua vez determinam o que é real. As emoções se codificam como aferições, como reflexos do mundo sobre nós sem, no entanto, contar com o atributo do juízo. As emoções não são críticas e, portanto, do ponto de vista do intelecto, todas são tolas.

Exatamente porque as emoções são avaliações da experiência sem inteligência é que elas afirmam e legitimam incondicionalmente o sujeito que as experimenta. As emoções refletem afetos, mas não são reflexivas. Elas são reações numa única direção e tendem a objetificar o causador do afeto. O que causa uma emoção é um *isso* para a experiência emocional, é um objeto tipificado por uma emoção. E quando nossas emoções são incontinentes e irrestritas, gozamos de uma espécie de controle, de ampliação do "eu", capacitando-o a controlar os eventos do mundo.

Uma criança humana precisa ser treinada a lidar com suas emoções. Ela precisa evocar um senso crítico que não é parte integrante da emoção. E esse elemento externo é a inteligência. Se esta não se fizer presente, a emoção demandará ações capitaneadas pela emoção. Por natureza, toda emoção "desce" para a ação, e somente uma intervenção inteligente pode revertê-la para cima, no sentido de *menos eu*, ou seja, na direção dos vínculos e dos propósitos.

Como aponta Rabi Levi de Berdichev, não é fácil convencer um tolo de que existe algo mais sábio do que sua deliberação. A inteligência terá que compor um conjunto de outras emoções que, uma vez superpostas, produzam um efeito convincente, ou mesmo a emoção resultante, dessa vez alinhada ao juízo. A emoção não quer se render facilmente porque não quer privar o "eu" do controle que ela lhe confere.

A nova emoção forjada conjuntamente com a inteligência não pode ter outra configuração que não seja uma emoção. O coração jamais capitularia declinando do senso de si, da subjetividade de seu "eu" e da identidade que experimentou ao sentir a emoção.

A sabedoria do coração não é reflexiva justamente porque o reflexo se aventura da própria imagem para fora. E é o reflexo, depois, que será revertido de volta. O coração não suporta esses instantes indiretos, separando-se de seu sujeito. Corações "morrem" muito subitamente se ficam sem o seu indivíduo. Essa intolerância ao "remoto" obriga o coração a ir apenas de emoção a emoção, de entranha a entranha, sem a possibilidade de ser uma "segunda pessoa". O coração sempre será uma "primeira pessoa".

A mais bela representação gráfica desta interação entre coração e mente é o modelo budista do yin-yang, onde os dois hemisférios são perpassados pelos pontos um do outro. Há uma sabedoria no coração e um sentimento na mente, mas apenas um estreito duto que os conecta. Para se comunicar, a mente terá que seduzir o coração, apresentando-lhe argumentos emocionais, tais como "isso é bom", "isso é positivo", e sem qualquer imposição. Por meio de sua própria natureza e método, o coração se convence e se dociliza na direção daquilo que diz o juízo. E isso o coração sabe discernir: entre duas emoções legítimas, distingue a mais virtuosa.

A inteligência, no entanto, terá que agir antes da ação. Se a emoção produzir a ação antes do critério da inteligência, através da função do controle, a emoção terá maior condição de se impor à inteligência. Nesse caso, em vez de se gerar uma emoção inteligente, teremos uma inteligência tola, imbecilizada pela emoção.

É isso que o rabino Mendel de Romanov comenta. Além da possibilidade de haver uma ação tola e reativa, resultante de uma emoção não ajuizada, a inteligência fica submetida à emoção no momento que se pratica a ação. Por fidelidade e controle, a inteligência terá que se sujeitar à emoção e produzir argumentos que tentem ajuizar uma ação tola. Esse ato político coloca a inteligência a serviço da emoção, impondo censura e obediência à inteligência.

Seja por emoção desregrada ou pelo conchavo que subjuga a inteligência, é assim que se evidencia o controle, a afirmação da soberania do "eu". A emoção age para se validar sobre o mundo; e a inteligência, tola, atua para proteger a reputação do "eu". Ambas são afetações emocionais, nas quais a possibilidade de propósito é perdida, regredindo-se à preferência por interesses.

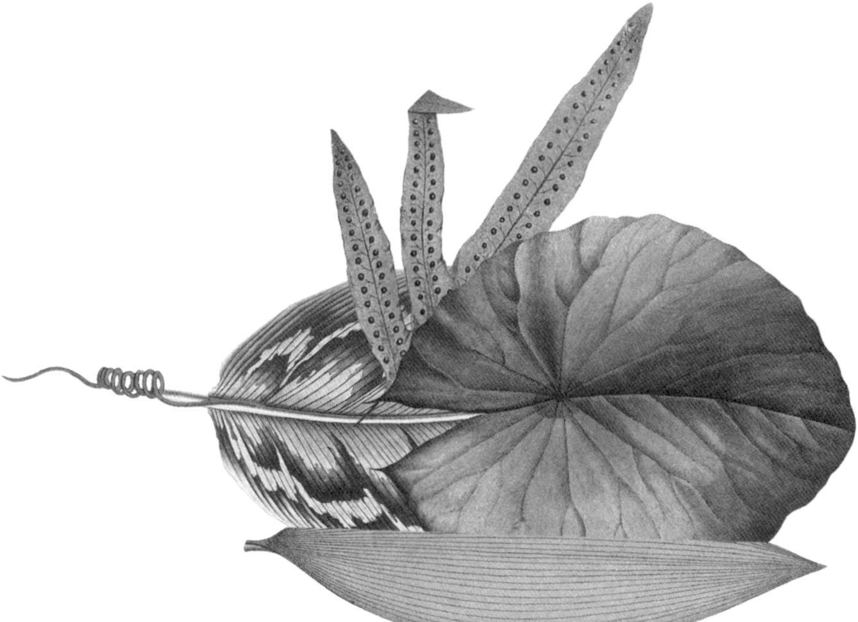

Afetação intelectual – Arrogância (inteligência sem emoção)

Diz o versículo: "Qualquer pessoa que seja sábia de coração..."
Êxodo 36:1

O saber sem o coração é vão e vazio!
Rabi Aharon de Karlin

Um discípulo perguntou ao rabino de Ger por que ele ainda visitava o Rebe de Kotzk, já que ele mesmo havia se tornado mais renomado que o seu próprio mestre. O rabino respondeu: "Até que a pessoa encontre alguém de quem possa aprender, ela não deve ensinar!"
Hasidic Anthology, p. 213

A afetação intelectual é uma anomalia da faculdade objetiva da inteligência. Uma inteligência subjetiva, que acomoda os interesses de seu sujeito, não é algo razoável. Todo juízo deveria ser blindado à corrupção e à parcialidade. A disfunção de uma inteligência que toma partido estimula a arrogância e prejudica a incumbência intelectual de promover movimentos "para cima".

Cabe à inteligência, em coordenação com o coração seduzido, conduzir rumo ao vínculo por meio da apreciação. Como dissemos, o vínculo é um abrandamento do "eu". Assim como o intelecto, lançando mão de sua objetividade, pode dizer a si mesmo "estou errado", "reduzindo" assim os interesses do "eu", sua função maior é externar-se de si mesmo, afirmando a alteridade ou construindo vínculos com os outros. Na tarefa de expor o "eu" à humildade, qualquer anomalia ou disfunção da inteligência pode ser revertida em arrogância. É grave a afetação que ocorre quando se relaxa a apreciação na esfera intelectual, fundamentalmente comprometida com a isenção e a retidão.

Encontramos aqui uma importante relação entre mente e coração. Como apontamos, há uma presença também de emoção na inteligência. Quando estudamos profundamente algum tema, experimentamos uma emoção ao compreendê-lo bem, e isso se assemelha a um prazer – "para saber algo é importante uma pitada de emoção". A origem da expressão latina *de cor* quer dizer algo sabido do coração porque se acreditava que o coração originava o saber. Há, efetivamente, essa conexão entre coração e mente porque, quando entendemos algo exaustivamente, terminamos por alcançar a pergunta final de qualquer processamento da razão: para que serve o que aprendi e entendi? Esse desejo por relevância faz vazar para a inteligência uma forma de emoção.

Todo o saber provocará uma estima pelo que se sabe ou uma reverência pelo aprendizado, sendo ambos os estados manifestações de emoção. Mesmo as matérias do colégio em que mais nos desenvolvemos são aquelas que, quando estudadas, se deixaram penetrar por uma experiência emocional. E isso às vezes pode ocorrer simplesmente porque, quando estudamos algo muito bem, logramos o gozo de atingir algo relevante. Assim sendo, a inteligência também se ancora em alguma emoção, que toma a forma de amor ou temor pelo compreendido. Essa presença da emoção é como um antídoto à afetação da arrogância. Por amor ou temor, a inteligência fica maculada de fraquezas em sua razoabilidade e produz uma desafetação. O malear da emoção tira dos pensamentos arrogantes sua rigidez e promove humildade e despretensão.

As mesmas emoções que surgem do saber também são importantes resíduos para a sedução do coração em algumas questões. Quanto mais uma pessoa entende, quanto mais sabe, mais produz emoções em sua inteligência. Por conta disso, o pouco saber terá dificuldades nas conversações e seduções do coração e tenderá à coerção para convencê-lo por razão. O coração só pode acolher a linguagem da emoção, só pode ser seduzido ou encantado. Ele até pode ser restrito por vontade, mas é questão de tempo e oportunidade para que traia e desobedeça.

A grave afetação da arrogância pode ser definida como o estado em que alguém está tomado de interesses e subjetividade em sua inteligência. A arrogância reduz a possibilidade de diálogo e implica a perda de capacitação crítica, inviabilizando assim o recurso responsável por produzir vínculos. O arrogante é um prisioneiro intelectual de si mesmo.

O arrogante possui um saber solitário e labiríntico. Ele perde a capacidade de instruir porque, como explica o rabino de Kotzk, quem não tem um mestre não pode ensinar!

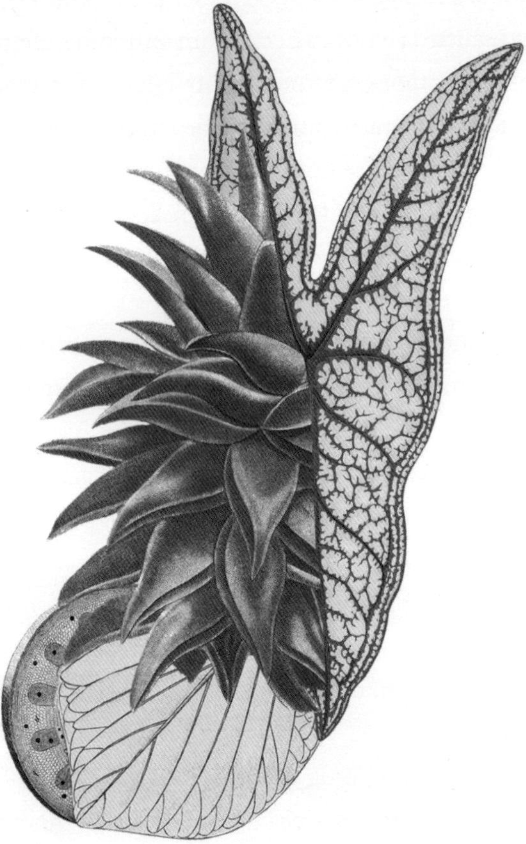

Afetação espiritual – Narcisismo (emoção da ação)

Yehoshua ben Perachyá disse: Estabelece para ti um mestre; adquire para ti um amigo e julgue cada pessoa favoravelmente.
Ética dos Pais 1:6

Só depois de estar livre é que se pode sentir o amargor da escravidão.
Rabi Moshe de Karlin

A afetação espiritual é uma anomalia de vínculo. Ela ocorre quando as apreciações apresentam uma deficiência, ficando a consciência impedida de se aperfeiçoar através da alteridade, terminando por confinar a si própria. A apreciação dos afetos deveria ser capaz de despertar o indivíduo não só para si, como reconhecer interseções entre si e a realidade além de seu próprio "eu".

Presentes na citação da *Ética dos pais,* as relações envolvendo mestre, amigo e pessoa são muito bem caracterizadas para nos ajudar a tratar do vínculo. Não são abordados aqui os vínculos emocionais que concorrem "para baixo", como as reações subjetivas contagiadas da presença de si. Os vínculos consigo ou de si com os pais, cônjuge, avós, irmãos e filhos são todos autorreferenciados. Deles depreendemos várias formas de amor por continuidade, simpatia e empatia. São vínculos internos, baseados no amor a si próprio. Sua natureza está na relevância que estas pessoas têm para nós. Tal relevância deriva do amor que nutrimos por nossa própria vida.

Os vínculos mencionados nesta citação são distintos porque se desenvolvem exclusivamente por apreciação dos afetos. Mestre, amigo e pessoa são os verdadeiros agentes do "tu". E serão também os principais agentes da vida com a capacidade de revelar propósitos.

O primeiro é o mentor. Dizer "estabeleça para você um mentor" significa mais do que a ideia intelectual de que "quem não tiver um mestre não pode ensinar". Por razões metodológicas, quem não tem um mestre está intelectualmente no looping de suas próprias "genialidades". A proposta aqui, porém, vai além. Estabelecer um mentor é gerar um vínculo em que se privilegia a escuta e o respeito a outrem em detrimento de si mesmo.

A civilidade de uma criança se estabelece quando ela confronta sua vontade e sua certeza com vontades e certezas maiores. Se você não puder atender a vontade de seu Deus, ou de sua comunidade, ou de seus pais, irmãos ou de um simples estranho, não terá amadurecido seu potencial humano de apreciação. Atender a uma voz subjetiva que não emane de sua própria identidade é a principal tarefa que empreende a consciência humana. Ouvir essa voz não significa estar subjugado a pessoas ou a algum poder, mas aberto à possibilidade de que o outro tenha precedência sobre você mesmo. Essa disponibilidade é o maior recurso para transcender estados adormecidos ou autômatos, e assim despertar a consciência. Como se o grau inicial da consciência fosse acordar para si mesmo e reconhecer a presença de um "eu" e, uma vez tendo crescido, despertar para o outro, o "tu", ainda na condição de um afeto próprio. Somente quando a consciência se aviva com essa grandeza é que é capaz de identificar um propósito.

A afetação de quem não tem um mentor contagia toda a cadeia cognitiva e a lucidez da consciência. Quem não possui um mentor é porque, em algum nível, teve a plasticidade de sua mente comprometida pela arrogância. A incapacidade de alguém para interagir com um arbítrio maior que o seu pode parecer uma autonomia, mas é uma grande limitação. Quem não estabelece para si um mentor outorga poderes autoritários à sua própria pessoa. E na tentativa de salvaguardar sua liberdade, perde-a gradualmente. A inaptidão de escutar um outro que é mentor pode se alastrar a ponto de impossibilitar a escuta de si mesmo. A própria vontade de um indivíduo poderá ser desqualificada se o que ela estiver propondo contradisser desejos e emoções.

Essa é a tragédia do narcisista. O encantamento que se exerce sobre um indivíduo quando ele desperta para seu "eu" rompe o elo que conecta a vida ao mundo. Perdido em percepções e motivações que começam e terminam em si mesmo, ele resta petrificado, estático e sucumbindo ao próprio encanto, num estado de despertar em que não acorda. Esse é o grau máximo de afetação, entorpecendo afetos e desanimando apreciações.

Os outros dois personagens, os amigos e as pessoas, são também protagonistas da crítica. O amigo que deve ser "adquirido" pressupõe um vínculo de mutualidade. Assegurar um amigo só é possível abrindo-se espaço ao outro. Ninguém adquire amigos sem o movimento de contração de si para acolher uma outra pessoa. E se o mentor testa a capacidade de ouvir, o amigo verifica a aptidão de perguntar. Por se tratar de um igual, sem a hierarquia presumida na relação com um mentor, o amigo simboliza o parceiro com quem se questiona e investiga. O vínculo depende muito da escuta dos mentores e da indagação dos amigos.

O último personagem do vínculo é "cada pessoa". Julgar favoravelmente o outro é liberar a crítica da subjetividade. Estender o benefício da dúvida ao outro representa estender a ele a imunidade que *a priori* oferecemos apenas a nós. É assim que nos desvencilhamos da autorreferência.

As afetações são afetos viciados. Na apreciação ocorre o oposto: é imprescindível que o indivíduo estabeleça ligações e relações com o mundo para acentuar a vida.

A escravidão a si mesmo é cega e silenciosa até que, por consciência, venhamos a descobri-la. Então, como diz o rabino de Karlin, só na outra margem, livres, conhecemos "o amargor dessa escravidão". As dores da ignorância e do torpor só as podemos conhecer desde a outra margem. São, portanto, afetos futuros, potenciais, só conhecidos por aqueles que se aventuram em apreciações.

Quanto mais despertos, mais vivos!

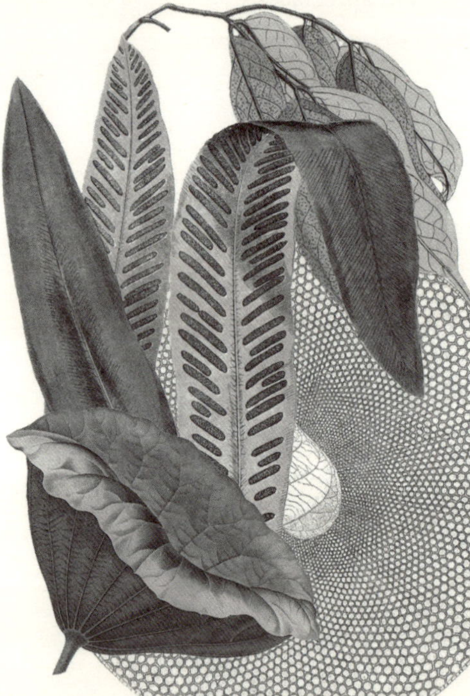

APÊNDICE

1
Conhecer a si mesmo

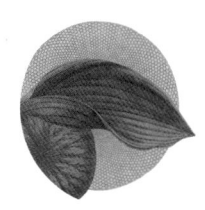

> *Ao atravessar um descampado, Yehudi e seu discípulo Peretz provocaram uma revoada de gansos, gerando um intenso cacarejar e bater de asas. "Imagine só se pudéssemos entender tudo o que eles estão dizendo agora!", comentou Peretz. O rabino então lhe disse: "Quando você chegar ao ponto de entender tudo o que você mesmo está dizendo, então entenderá a linguagem de todos os seres vivos!"*
>
> **Late Masters, p. 278**

Abordar o tema do "afeto" é como empreender uma viagem fantástica pelos expedientes humanos. Trata-se de expor o modo de funcionamento da linguagem interna, os mecanismos e as operações que se processam em nós e que, em tantos sentidos, nos são invisíveis e imperceptíveis.

Trazemos conosco uma inclinação natural para a curiosidade. Isso faz com que nos voltemos na direção daquilo que nos é exterior. Queremos até saber o que falam os gansos e tantos outros enigmas do mundo! No entanto, se conhecêssemos a fundo o que nós mesmos dizemos ao falar, seríamos capazes de quebrar uma infinidade de outros códigos da realidade.

A apreciação das próprias apreciações representa a qualidade plástica da crítica e da criatividade. Nesse sentido, somos mais a essência da "imagem e semelhança", do que nosso próprio sujeito. Dispomos da capacidade de observar nossa linguagem e entender seu funcionamento, e isso produz um paradoxo: ao vivermos por meio de correções e aperfeiçoamentos, interferimos em nosso próprio indivíduo para transmutá-lo em outro ser. Se o sujeito é quem define interesses, que outro interesse seria esse de querer alterar a si mesmo? De que "sujeito do sujeito" parte este comando?

O saber sobre si é extremamente libertador. Permite integrar as duas forças estruturantes em nós: a de favorecer a si mesmo e a de desconstruir-se criticamente. Nenhuma dessas essências pode ser negligenciada. O fato de parecerem mutuamente excludentes é em si o desafio do saber.

Como dizia o rabino Naftali de Ropshitz: "Os humanos precisam de muita sabedoria para serem simples!"

2
Causa e consequência

> Certa vez, Rabi Zusya e seu irmão Rabi Elimelech estavam discutindo sobre o tema da humildade. Elimelech disse: "Se uma pessoa contemplar a grandeza do Criador, alcançará a verdadeira humildade." Rabi Zusya disse: "Não! A pessoa deve começar sendo extremamente humilde. Só então ela poderá reconhecer a grandeza do Criador."
>
> Como não concordavam, decidiram pedir a opinião de seu mestre, o Maguid, para saber quem estava certo. Ele então respondeu: "Ambas são palavras verdadeiras! No entanto, a graça mais profunda é encontrada por quem começa a partir de si e não de seu Criador."
>
> *Early Masters*, p. 243

A parábola acima tenta capturar a condição reflexiva de nossa consciência. Reb Elimelech propõe que se conhecêssemos a causa original da humildade – a grandeza do Criador –, chegaríamos, por consequência, à humildade. Reb Zusya advoga o contrário, propondo que só sendo humildes desde o início, só partindo do efeito, da humildade, é que chegaremos à causa: a grandeza do Criador.

O Maguid, seu mentor, não desfaz a ambivalência, mas alerta: toda causa está contida na consequência, assim como a consequência está na causa. Em outras palavras: o ovo está na galinha e a galinha está no ovo. No entanto, ele indica a ponta do novelo, a saída do labirinto. Mesmo que a apreciação nos apresente paradoxos e complexidades, o desemaranhar só é possível a partir de si mesmo.

Para que haja apreciação, mesmo que a teoria aponte e comprove, será necessário que o indivíduo parta de si, do olhar do observador (o outro), para poder discernir. Por isso precisamos de um "eu" capaz de convencionar o ponto inicial do olhar. Tentar observar pelos dois lados – a consequência através da causa e a causa através da consequência – torna o mundo redundante, em geral um efeito típico da complexidade.

Dizia o Rabino de Bratslav: "Um simples suspiro pode fazer de você uma nova pessoa, tanto de corpo como de alma!" O suspiro que tudo modifica e renova é o reencontro com você mesmo. O único ponto inicial possível para que possa bem observar.

3
Afeto customizado

> O rabino de Koretzer disse: "No texto bíblico, Moisés proclama: 'Minha doutrina verterá tal como a chuva!' (Deuteronômio, 32:2). Vemos que a chuva cai sobre uma diversidade de plantas, e cada uma cresce de acordo com sua própria natureza. Da mesma forma, é de esperar que as instruções sejam acolhidas por todas as pessoas e que cada uma se beneficie de acordo com as habilidades que lhe são inerentes!"
>
> **Hasidic Anthology, p. 459**

Os afetos são as sinapses, os impulsos elétricos, que estimulam a apreciação da vida. Cada um, porém, experimenta esse processo a partir do seu estágio de desenvolvimento ou sensibilidade. Uma criança apreciará os afetos de forma distinta de um ancião. Mais diversamente ainda, cada indivíduo experimentará os afetos à sua maneira.

A "chuva" da fala do rabino de Koretzer são os afetos, e o "benefício" que cada um depreende ao encostar ou ao tanger a realidade será sempre particular. Por isso nenhuma vida é igual. As existências, sim, podem ser iguais. Há existências de gêmeos que compartilham de uma infância idêntica, mas sua vivência será absolutamente individual.

Afetos podem ser iguais, mas apreciações nunca. A condição de separação entre cada "eu" produz uma voz, sempre própria e, mesmo que minimamente, dissonante.

Daí provém o grande grito de inclusão de nossos tempos. As pessoas reconhecem e legitimam o fato de que cada um pode ter a sua própria história e que esta não se encaixa em nenhuma normatização ou padronização. A inteligência e a apreciação produzem essa justiça inclusiva quase automática – justiça decorrente do autoconhecimento.

Quanto mais as pessoas souberem sobre si, mais tenderão a acolher o outro, abrandando suas certezas por efeito da inteligência. Há respostas e revelações no outro que você jamais conhecerá em si.

4
Consciência e afetação

> *Um discípulo muito rico procurou o rabino de Kotzk para pedir conselhos sobre sua filha. O rabino reagiu: "Não tenho como lhe dar conselhos de imediato. Não me é dado ir aos céus e conhecer os decretos do futuro sobre uma pessoa e sua família. Quando alguém me pede um conselho, involuntariamente me sinto importante e sou tomado por um sentimento de orgulho. E até que este sentimento de orgulho tenha sido aplacado, me sinto incapacitado para raciocinar corretamente. Quando o sentimento se aplaca, então eu considero a questão e a ética nela implicada a fim de emitir meu conselho."*
>
> Maguidim, p. 165

O relato acima exemplifica uma forma de fazer uso do recurso da vigilância, tão fundamental à apreciação. Somente por meio de uma apreciação calibrada é que podemos evitar que um afeto se torne uma afetação. Por isso o rabino de Kotzk presta atenção nos mecanismos que o impactam ao ser consultado.

Ciente de suas emoções, ele pode confiar que sua inteligência não está comprometida com a governança do seu "eu". Essa gestão autointeressada é incongruente com a inteligência e não lhe permite funcionar como um conector entre a vida e os propósitos. As emoções também serão bem-vindas no processo, mas apenas num segundo momento, quando o rabino já tiver realizado uma análise profunda sobre o conselho pedido. Destilada de emoções interesseiras, a inteligência pode buscar relevâncias para oferecer seu parecer e, só então, convidar toda sorte de sentimentos.

A apreciação não declina das emoções, muito pelo contrário. A qualidade do diálogo das emoções e da inteligência é que vai garantir a presença e a identidade do "eu" representado pelo rabino de Kotzk. Ao pedir um tempo a seu interlocutor com o intuito de "aplacar" seu sentimento, o rabino não está recusando a emoção. O que ele pede é um tempo para "conversar" com ela, algo que implica o reconhecimento e, por conseguinte, a legitimidade da emoção. Até porque as emoções não abrandam por "esfriamento", ou seja, com o decorrer do tempo. Serão necessárias conversas entre a mente e o coração para se encontrar o equilíbrio.

Quando a inteligência atrair e seduzir o coração, despertando emoções alinhadas e harmônicas, poderá a mente experimentar a relevância do que está sendo apreciado. Por isso dizia o rabino Bunem de Psicha: "Cuide para que sua mente e o seu coração sejam sempre congruentes!"

5
Enfarte da mente

> *Uma pessoa comentou com o rabino de Strelisk que sabia de cor todo o Zohar. O rabino reagiu: "Eu jamais conseguiria reter na mente um número tão grande de ideias. Frequentemente uma única ideia absorve minha mente por um longo tempo." Por sua vez, o Maguid de Kosznitz refletiu: "A diferença entre uma mente grande e uma mente pequena é justamente esta: a mente grande é capaz de abraçar uma única ideia por um longo tempo, e aperfeiçoá-la; enquanto que no interior da mente pequena as ideias perseguem umas às outras como descargas de relâmpagos!"*
>
> Ten Rungs, M. Buber, p. 54

A tradição chassídica descreve graficamente a conexão da mente com o coração através do pescoço. O duto que regula essa interação é fundamental e, se for cortado ou interrompido, produzirá um enfarte mental. A "mente grande" aqui descrita é a mente saudável. Sua ocupação é aprofundar-se no saber a ponto de ter potência para seduzir as emoções. Tal processo de harmonização e alinhamento intensifica a vida, porque aprecia aquilo que de maneira harmônica impacta tanto o próprio indivíduo como o mundo.

Apreciar, já dissemos, não é uma tarefa hierárquica da mente, e não ocorre exclusivamente na mente. A racionalidade pura, na grande maioria das vezes, não nos representa. A apreciação é a conversa, a troca funcional entre os dois grandes aparatos da consciência.

A mente pequena aparece como disfuncional. Se a interrupção da presença do coração na mente produz barbáries pelo excesso de racionalidade, a presença indesejada de emoções perturba o funcionamento mental. Os pensamentos impulsivos e desenfreados são sempre provocados por emoções, já que cabe a elas aferir o que tem ou não relevância para uma pessoa. E basta disparar algum interesse que o coração já sai promovendo pensamentos que irão atropelar a agenda da inteligência.

E, sim, a ordem dos pensamentos altera o resultado da inteligência. A inteligência ordena o pensar de uma forma particular se ele não for interpelado pelas emoções. Sobrecarregar a mente com relevâncias é uma forma oportunista que as emoções têm de ganhar protagonismo na mente. Tal artifício coloca a emoção no centro da mente, o que é experimentado como uma "confusão". A confusão paralisa a mente, como num enfarte.

A má comunicação do coração e da mente produz duas patologias da apreciação: a repressão e a confusão. A primeira decorre da incapacidade, por parte da mente, de produzir apelo e encanto ao coração, obrigando-a ao uso de autoridade para impor sua vontade e conter as emoções. O segundo é o efeito ansioso das emoções – em vez de gerar relevâncias, a mente é inundada por pequenos sentimentos e se confunde.

6
Desafetação

> *Um jovem rabino veio visitar o Rebe de Alexander. Ao vê-lo, o Rebe expressou surpresa e disse: "Se estivesse no seu lugar, não teria desperdiçado tempo e esforço para visitar um rabino tão insignificante como eu!" O visitante então respondeu: "Que outra qualidade deveria permitir a um discípulo reconhecer seu mestre se não a de que este se considera indigno de sê-lo?"*
>
> Hasidic Anthology, p. 190

Neste conto transparece a tensão entre discípulo e mestre. O objetivo do ensinamento é sempre aprimorar a apreciação, não o conhecimento em si. É sobre método e não sobre conteúdo. E o jovem rabino parece ter entendido isso muito bem. Afinal, qualquer um pode se presumir insignificante quando se trata de conhecimento. Há tanto por saber que somos sempre mais bem definidos por nossa ignorância do que por nosso saber.

O discípulo qualifica o mestre porque vem em busca de apreciação. E alguém que se questiona, que não se assume investido de saber, se mostra empoderado na arte de aprender e ensinar. Ao mesmo tempo, por entender isso o discípulo também se qualifica aos olhos do mestre. Aprendiz e mentor precisam estar desafetados para se engajar num processo de desenvolvimento. Qualquer ensino é fundamentalmente uma prática de aprimoramento da conversa entre o coração e a mente. No conto, a interação inicial do aluno com o mestre expõe tal condição. O mestre se desafeta ao se considerar indigno da função proposta; e o aluno se desafeta de sua insignificância ao demonstrar lucidez no entendimento da função do mestre. Aluno sábio e mestre indigno, ambos desafetados, podem agora dar início ao processo de saber.

Dizia o rabino Israel de Koznitz: "Tenha cuidado apenas com duas coisas: enganar a si mesmo e copiar outra pessoa." Esses são os maiores desafios para aprimorar a apreciação: não contaminar sua apreciação com excesso de si mesmo, o autoengano, nem com a escassez de si mesmo, a imitação de outro.

7
Eu e ausência

> *O Maguid de Zlotzov leu e depois comentou sobre um versículo do Deuteronômio (5:5): "'Eu me coloco entre Deus e você!' Quando uma pessoa está por demais absorta em si mesma, o ego cogita ideias que se colocam entre ela e o Criador. Coloca assim uma barreira, uma obstrução, entre Deus e ela. Só Deus pode pronunciar a palavra 'eu'."*
>
> Or Yashar, p. 86

Chamar a si mesmo de qualquer coisa que não seja "eu" parece um contrassenso. No entanto, sempre que pensamos em nós mesmos, é como se nos tratássemos na terceira pessoa do singular. Quando dizemos "estou com dor de cabeça", parece haver aí um espectador. Como se a consciência falasse de um "ele": "ele está com dor de cabeça."

Esse efeito – de a consciência aparentar ser um observador diferenciado de si – revela a importância que o distanciamento tem para a crítica. Em muitos sentidos, apreciar significa se afastar, e o "eu" é a referência para essa distância. A questão é que qualquer outra referência para se observar é ameaçadora aos interesses de uma pessoa.

O Maguid de Zlotzov usa a figura do Criador como contraponto a si mesmo. Se eu não for me representar, quem poderia fazê-lo? O Maguid entende que a premissa crítica de afastamento não é o "tu", o outro. Outra individualidade tem a mesma característica "separada", autorreferida, do "eu". A crítica pelo olhar do outro é uma afetação com características iguais à minha. Ela serve para reforçar a ideia de que qualquer "eu" é um obstáculo à apreciação.

Alguns elementos ficam patentes. O "eu" não é a consciência. Ele está no meio, entre a consciência e o Criador. Por "Criador", entenda-se o que não sou, mas do qual sou parte. Aparecem então três "eus": de um lado o "eu" da consciência, no meio o "eu" e, no outro extremo, o "eu" de Deus, que se vincula a mim por semelhança e origem. A este "Eu" original de tudo o Maguid atribui uma autenticidade que nenhum outro teria.

Claro que o "eu" é um mediador, uma pele para o nosso sujeito. Porém, também somos em nossa essência ambos os estados – consciência e fragmentos de Deus. E todos nós já experimentamos as múltiplas vezes em que o "eu" ou se esquece dessas outras duas essências, ou atua como uma barreira entre elas. A primeira condição origina o mal, a segunda a ignorância.

8
Vínculos de fogo

> *O Besht disse: "O Talmude compara a influência de um mentor a um carvão em brasa. Não se mantenha afastado ou indiferente a seu mentor, porque você esfriará. Nem se aproxime demais dele, porque poderá se queimar." Isso também se aplica ao vínculo com um amigo!*
>
> Early Masters, Buber, p. 143

As duas figuras mencionadas, mentor e amigo, pertencem à esfera do vínculo. Como observamos, a característica crítica do mentor e do amigo está na autoridade que cada um desfruta sobre o "eu". Tal autoridade rivaliza com a soberania do "eu". O mentor e o amigo são personagens que possuem ascendência sobre nós e auxiliam no processo crítico e na apreciação.

Essa é a razão pela qual o "eu" não pode abrir mão destes vínculos. Se os negligenciar, "esfriará" sua lucidez e sua capacidade de estar desperto. Sem um mentor para interditá-lo e um amigo para desafiá-lo, o "eu" ficará confinado à ditadura de sua voz e vontade. Só esses personagens podem contestá-lo e gozar de confiança suficiente para que haja escuta.

O esfriamento de que falamos converge para a arrogância e para o narcisismo. Sem nenhuma voz capaz de refrear o "eu", os indivíduos se tornam destrutivos para o mundo e, principalmente, para si mesmos. Nessa condição, a pessoa se torna tão senhora de si, tão livre, a ponto de não ter escuta ou mando sobre si mesma. O resultado é a perda de autonomia.

Sobre isso comenta o rabino Moshe de Boyan: "Como responsabilizar as pessoas por seus atos quando elas carecem de ascendência sobre si mesmas?"

Por outro lado, os mentores e os amigos são uma ameaça – eles queimam! –, dada a importância atribuída a sua opinião e a seu julgamento. Sua função positiva de crítica frequentemente põe em xeque as agendas particulares e as afetações do "eu". Quem mais teria influência suficiente para nos advertir e censurar?

Enfim, essa é a essência da crítica: só o que se opõe e nos contraria tem a potência de gerar valor.

9
Paradoxo da afetação

> *O rabino de Kotzk disse: "Se alguém homenageia você, significa que se considera menos importante do que você naquele momento e, desse modo, se torna melhor do que você. Quanto mais ele o homenagear, mais cresce às suas custas. Então por que razão alguém se sentiria orgulhoso ao ser coberto por honrarias?"*
>
> **Hasidic Anthology, p. 181**

O rabino de Kotzk aponta para a natureza paradoxal da humildade. Por ser uma virtude, no momento em que é atribuída a alguém, esse alguém a perde. De forma indireta, nesse pequeno conto aborda-se uma questão paralela, que é a distinção entre valor e preço. Quando apreciamos algo, estamos tentando aferir suas relevâncias e implicações, determinando o que nos afeta e o que, por sua vez, afeta o mundo.

Capaz de nos afetar, o valor é o potencial de benefício ou de utilidade que algo possui. O preço, por sua vez, é o resultado da apreciação de valor num dado momento. Suponhamos que você tenha um valor. Quando este é apreciado, perde momentaneamente sua condição de valor e se transforma em preço. Os preços são uma marca da presença, da existência. Os preços são atividades constantes do "eu", que passa boa parte do seu tempo aferindo preços a pagar e a serem ressarcidos. A verdadeira apreciação não só determina os preços, mas mantém a capacidade de reconhecer o valor. Os preços acabam construindo relações de apego e controle. Por sua vez, os valores motivam e vinculam. Preços promovem os interesses, valores, os propósitos.

O rabino sabe que não pode passar ao largo dos preços, mas faz questão de ressaltar que seu interesse maior é o valor. Sua economia é clara: investir em valores, mais do que realizar por preços. O valor da vida é maior do que sua cotação num determinado momento. E quando alguém vier bajulá-lo, atribuindo-lhe um preço, deixe logo claro que não colocou nada à venda.

10
Afeto e vazio

> *O rabino de Bratslav disse: "Nossos desejos são como uma criança pequena que provoca seus amigos pedindo para que adivinhem o que há dentro de sua mão fechada. Cada pessoa imagina que a mão oculta o que ela sobretudo deseja no momento. Porém, quando a mão se abre, não há nada!"*
>
> *Dubnov, p. 303*

As paixões são faltas! Não é por acaso que o rabino usa como personagem uma criança e como contexto um jogo infantil. Nossos encontros iniciais com o desejo provêm das carências e da fantasia sobre o prazer de vermos nossas demandas sendo atendidas.

Quem pode questionar as faltas? Sua realidade é incontestável. O comentário, entretanto, aborda o significado mais subjetivo do desejo. Quando o desejo passa pelo filtro de si mesmo, ele deixa de ser uma falta do mundo e passa a ser confeccionado pela própria pessoa.

A capacidade humana de apreciar afetos tem esse efeito colateral. Em geral ele é leve, mas para muitos é moderado e, para alguns, é muito forte. Assim como podemos apreciar os afetos, podemos apreciar também as faltas. E, como num sintoma similar a uma doença autoimune, começamos a produzir contextos como no exemplo trazido pelo rabino de Bratslav. A mão fechada simula uma situação de "falta". Ali dentro está algo que nem sei o que é, mas que não possuo. A falta real, porém, nasce da experiência de vida, não do imaginário. Ela está para além das carências da existência física, da ânsia por ser livre, de ser prestativo, de obter amor, de ser reconhecido, entre outros aspectos da vida.

A falta não é facilmente reproduzível por meios artificiais. Manufaturar "faltas" é um grande sonho do "eu", permitindo que se tenha controle sobre o prazer de atendê-las. Quem produz faltas é um deus! O mais comum para os humanos é tentar substituir a falta pelo vazio. Os vazios existem por toda parte e, em sua forma, são similares à falta. No entanto, eles não são feitos da mesma essência: a falta é real, o vazio é um pedaço do nada.

A conclusão é evidente: apreciar é uma tarefa constante de apreciar a apreciação e, por sua vez, a apreciação da apreciação. Quando a apreciação não consegue distinguir entre a "falta" e o "nada", perdeu sua competência.

Nessa série REFLEXOS E REFRAÇÕES serão retratados os sete signos que formam a constelação simbólica das *Sefirot*, na tradição cabalística. Traduzindo a vida num espectro de manifestações, cada um dos livros, com seu título próprio, vai abordar uma distinta reflexão da existência: o risco, a cura, a alegria, o afeto, o ritmo, o sexo e o poder.

As reflexões, por sua vez, são tratadas em quatro diferentes refrações ou esferas: a física, a emocional, a intelectual e a espiritual.

Cabala e a arte da manutenção da carroça é o livro inaugural da série.